AMRA

MARLIES PANTE

CREALITY

Create Reality

Dreh dein Leben. Erschaffe jetzt Wohlstand, Liebe, Gesundheit, Glück, Erfolg und gute Laune

Mit Listen, die dir helfen,
dein Leben zu drehen

AMRA

Besuchen Sie unseren Shop:
www.AmraVerlag.de

Ihre 80-Minuten-Gratis-CD erwartet Sie.
Unser Geschenk an Sie … einfach anfordern!

Eine Originalausgabe im AMRA Verlag
Auf der Reitbahn 8, D-63452 Hanau
Hotline: +49 (0) 61 81 – 18 93 92
Service: Info@AmraVerlag.de

Herausgeber & Lektor	Michael Nagula
Textredaktion	Silvia Neumeier
Einbandgestaltung	Guter Punkt
Layout & Satz	Birgit Letsch
Druck	CPI books GmbH

ISBN Printausgabe 978-3-95447-575-9
ISBN eBook 978-3-95447-576-6

Ebenfalls von Marlies Pante bei uns erhältlich:
Das Große Erwachen. Heilungsbuch der Arcturianer
Reine Liebe erwartet Dich! Botschaften vom Arcturus
No Limits! Willkommen in der Schöpferkraft. Mit Übungen
Der Himmel auf Erden. Die Hathoren über die Lage der Welt
Im Feld der Heilung. Aufstiegscodes vom Arcturus (CD)

Inhalt

Für Elke und Dorit

Am Anfang war das Wort.

Johannes 1,1

Kapitel 1

Der glücklichste Mensch unter der Sonne

In unserer westlichen Kultur verbringen die Menschen im Durchschnitt täglich ungefähr dreißig Minuten mit glücklichen Gefühlen. In der restlichen Zeit haben wir entweder neutrale oder sogar schlechte Gefühle.[1]

Da sich schlechte Gefühle aber nicht so gut anfühlen wie gute Gefühle, sind wir stets bemüht, uns gute Gefühle zu verschaffen. Der attraktive Nebeneffekt von guten Gefühlen ist, dass wir mit ihnen eine gute Zukunft und ein schönes Leben erschaffen.

Die Evolution scheint den schlechten Gefühlen jedoch erhebliche Vorteile gegenüber guten Gefühlen verschafft zu haben. Schlechte Gefühle kommen von allein und verschwinden erst wieder, wenn wir aktiv etwas dagegen getan haben.

---

[1] vgl. Deletz, Bodo, 2015-2018

Das Glück hingegen währt nur vorübergehend und verschwindet meist ganz schnell wieder.[2]

Folglich kommen wir auf die Idee, dass wir, wenn wir irgendwann nur genügend für unser Glück getan haben, für immer glücklich sein werden. Aus neurobiologischer Sicht ist dies jedoch nicht möglich.[3] Dauerhaft glücklich können wir nur werden, wenn wir immer wieder etwas für unser Glück tun. Natürlich gibt es viele Methoden, mit denen wir dauerhaft Glück in unser Leben ziehen können. Alle haben jedoch eins gemeinsam: Wir müssen sie dauerhaft anwenden. Die Drehbücher, die ich dir in diesem Buch vorstelle, sind eine Möglichkeit, dauerhaft glücklich zu werden, zu sein und zu bleiben. Außerdem machen sie eine Menge Spaß.

Stellt sich die Frage: Wie können wir uns also dazu motivieren, immer wieder etwas für unser Glück zu tun, immer wieder neue Drehbücher zu machen?

Um die Drehbücher wirklich konsequent für das eigene dauerhafte Glück einzusetzen, gibt es zwei Möglichkeiten. Entweder brauchst du eine sehr starke Motivation oder du wendest einen einfachen Trick an.

Eine starke Motivation kann zum Beispiel durch einen hohen Leidensdruck, durch starke Mangelgefühle oder unliebsame Lebensumstände ausgelöst werden. So schlimm muss es jedoch gar nicht erst kommen.

Der einfache Trick ist: Routine. Wenn du dir zur Gewohnheit machst, beispielsweise immer während der Autofahrt ein Drehbuch zu machen, wirst du nach einem Jahr dein Leben

---

2 vgl. ebd.

3 vgl. ebd.

buchstäblich gedreht haben. Du wirst das Gefühl haben, der glücklichste Mensch unter der Sonne zu sein und alles, was dir begegnet, ist Glück in Tüten ☺.

Lynn Grabhorn, eine erfolgreiche Anwenderin der Drehbücher, schreibt: »Nach zwei Wochen war ich erst einmal sprachlos, nach einem Monat überwältigt und nach drei Monaten hatte sich mein Leben um hundertachtzig Grad gewendet.«[4] Mit den Drehbüchern kannst du die Lücke zwischen Wunsch und Wirklichkeit schließen. »Ich habe alles selbst ausprobiert, tue es immer noch und werde auch nie damit aufhören, weil es – verflixt noch mal – einfach funktioniert.«[5]

Und wie geht das?

1. Du findest heraus, was du dir wünscht.
2. Du erzählst deinen Wunsch laut, schmückst ihn aus und kommst beim Erzählen in ein Gefühl, das deinem Wunsch entspricht.
3. Du wiederholst die Geschichte immer wieder.
4. Dein Wunsch erfüllt sich.

Das ist im Grunde schon alles. Wenn du ein Naturtalent bist, kannst du das Buch nun weglegen. Als ich mit den Drehbüchern vor ungefähr fünfzehn Jahren begann, dachte ich, ein Naturtalent zu sein, schließlich hatte ich schon einiges an Realitätsgestaltungsmethoden erprobt, ich fühlte mich wie ein Wunschprofi und drehte mutig drauflos. Was ich bekam, war

---

[4] vgl. Grabhorn, Lynn, 2004

[5] vgl. ebd.

leider oft nicht das, was ich dachte, gedreht zu haben. Im Gegenteil. Und lange Zeit wusste ich nicht, was ich falsch machte. Ich hielt mich doch genau an das, was Lynn in ihrem Buch *Aufwachen, dein Leben wartet*[6] schrieb.

Zum Glück drehte ich dennoch weiter, so nach dem Motto: »Das kann ja gar nicht sein, dass ich das nicht hinbekomme.« Und dabei verfeinerte ich die Methode so sehr, dass ich heute behaupten kann, dass so gut wie alle meiner Drehbücher in Erfüllung gehen. Vorausgesetzt, ich halte mich selbst an meine eigenen Ratschläge, was ich halt auch nicht immer tue, da bin ich einfach Mensch. Doch immer, wenn ich für eine gewisse Zeit dranbleibe und regelmäßig Drehbücher mache, geschehen Wunder.

Ich werde dir im Verlauf dieses Buches einige meiner eigenen und einige Drehbuch-Geschichten meiner Freundinnen erzählen. Ich hoffe, du staunst Bauklötze und hast Lust, ebenfalls zum Wundererschaffer[7] zu werden.

---

[6] vgl. ebd.

[7] Ich verwende in diesem Buch manchmal die männliche und manchmal die weibliche Pluralform. Bei jeder einzelnen Gelegenheit beide Formen zu berücksichtigen, erschwert aus meiner Sicht den Lesefluss. Fühle dich daher bitte in beiden Fällen angesprochen.

Kapitel 2

Erfüllung auf allen Ebenen

Finde heraus, was du dir wünscht. Als ich mit den Drehbüchern anfing, hatte ich rasch sowohl Erfolge wie auch Misserfolge. Jedoch drehte ich im Grunde immer nur das Gleiche. Ich wollte meinen finanziellen Lebensstandard verbessern. Ich drehte und bekam mein Traumauto, eine Wohnung, die ganz genau so war, wie ich sie gedreht hatte, und einen neuen Partner.

Irgendwann fiel mir allerdings auf, dass ich einige Lebensbereiche in meinen Drehbüchern gar nicht bedachte. Ich verspürte hier keinen besonderen Leidensdruck, aber so richtig zufrieden war ich auch nicht. Diese Lebensbereiche dümpelten vor sich hin, so, wie sie immer schon waren und wie ich es hinnahm, weil es die meisten anderen Menschen auch hinnehmen, ohne groß darüber nachzudenken. Es gab Wichtigeres, Anderes, Dringlicheres. Ich war so sehr damit beschäftigt, meinen Alltag zu meistern und akuten Mangel wegzudrehen, dass mir gar nicht auffiel, wie viele Lebensbereiche ich vom

Glück aussparte. Je stärker ich mir dessen bewusst wurde, desto mehr konnte ich vor mir selbst zugeben, dass ich weder mit meiner langweilig gewordenen Freizeit noch mit dem Großteil meines Freundeskreises und auch nicht mit meiner Selbständigkeit, mit einigen meiner Glaubenssätze und meinem Perfektionsanspruch an mich selbst zufrieden war. Zu sehr war ich damit beschäftigt, Geld zu erschaffen und zu behalten. Es war anstrengend, und der Blick auf all die stiefmütterlich gepflegten Lebensbereiche machte mich traurig.

Einige Jahre später hatte ich Gelegenheit, das Buch *E²* von Pam Grout,[8] das ich früher schon einmal gelesen hatte, erneut als Hörbuch zu hören. Dabei fiel es mir wie Schuppen von den Augen: Ich hatte für die meisten Lebensbereiche in meinem Leben noch nie Drehbücher gemacht. Wenn ich wollte, dass mein Leben wirklich abhebt, müsste ich auch für diese Angelegenheiten Drehbücher machen.

Um zu wissen, was man will, schlägt Pam Grout vor, eine Liste mit all dem zu machen, was man nicht will. Ich setzte mich also hin und beschrieb ganze elf Seiten. Elf Seiten voll von Umständen und Dingen, die ich nicht mehr wollte. Für diese Liste benötigte ich ungefähr eine Woche. Immer wenn ich glaubte, nun wirklich alles gefunden zu haben, was ich nicht mehr wollte, fiel mir doch wieder etwas ein. Bei elf Seiten hörte ich auf, weiter zu suchen. Angelegenheiten, die mir in einer Woche intensiven Nachdenkens nicht einfielen, waren bestimmt nicht sonderlich relevant.

Dann kam der Teil, der mir keinen Spaß machte. Ich musste nun zu all den Dingen, die ich nicht mehr wollte, das Ge-

---

8 Grout, Pam, 2015

genteil finden und damit meine Wunschliste erstellen. Stand zum Beispiel auf meiner Nicht-haben-Wollen-Liste »Ich will keine unreine Haut mehr haben«, so schrieb ich auf meine Wunschliste »Meine Haut ist porentief rein«.

Um diese neue Liste zu erstellen, brauchte ich diesmal fast zwei Wochen. Ich empfand die Aufgabe als ausgesprochen mühsam, jedoch gelang es mir, aus einer Aversionsliste, also dem, was ich nicht mehr haben wollte, eine Appetenzliste, also das, was ich haben wollte, zu machen.

Meine Liste las sich wie das Leben einer Superfrau, die hervorragend aussieht, der einfach alles gelingt und die auch sonst ausnahmslos das schafft, woran andere sich die Zähne ausbeißen. Es erschien selbst mir ein bisschen lächerlich und nicht wirklich erstrebenswert.

Ich hatte all meine Appetenzen maßlos übertrieben. Glücklicherweise fiel mir ein, dass ich mal in einem Seminar gelernt hatte, in welche Ebenen man seine Wünsche einteilen kann. Es gibt Wünsche auf der mentalen, der emotionalen, der persönlichen, körperlichen und weltlichen Ebene.

Ich setzte mich also erneut hin und schrieb eine weitere Liste. Dieses Mal teilte ich meine Wünsche in die entsprechenden Ebenen ein und achtete darauf, dass ich dabei nicht allzu sehr übertrieb. Natürlich kannst du dir auch die Superlative erschaffen, doch überlege mal, zu welchem Preis.

Wie fühlt es sich an, wenn du die perfekte Partnerin, der perfekte Vater, Liebhaber, Lehrer sein willst, wenn du einen perfekten vollkommenen Körper anstrebst, eine Sportskanone, der Tollste, die Beste, ein Weltenretter, Kriegeverhinderer und immer jugendlich sein willst? Ich finde, das hört sich nach ziemlich viel Stress an.

Wenn du auch so eine Liste machen möchtest, was überhaupt nicht erforderlich ist, um mit dem Drehen erst mal anzufangen, könntest du etwa auf der mentalen Ebene aufschreiben, dass du keine negativen Glaubenssätze mehr möchtest, dass du nicht mehr so stark beurteilen oder deine hohen Anforderungen an dich selbst loswerden willst.

Dann notierst du, was du auf der emotionalen Ebene loswerden möchtest. Dies kann zum Beispiel Frust, Ärger, Unzufriedenheit oder Langeweile sein.

Die persönliche Identitätsebene kann sich darauf beziehen, kein Versager, Opfer, Egoist, Pechvogel mehr zu sein. Dir fallen sicherlich genügend Identifikationen ein, die du loswerden möchtest.

Zu der körperlichen Ebene könntest du zum Beispiel notieren: Ich will nicht mehr krank, alt, hässlich, dick, dürr unsportlich oder faltig sein. Auf der weltlichen Ebene willst du vielleicht Stress, Geldmangel, einen schlechten Ruf oder Arbeitslosigkeit vermeiden.

Frage dich nun bei jedem Punkt deiner Aversionsliste: Was will ich stattdessen? Dann kehrst du deine Aversionen ins Gegenteil, machst aus deinen Aversionen Appetenzen, notierst also deine Wünsche. Du kannst zum Beispiel auf der mentalen Ebene notieren, dass du positive Glaubenssätze hast, die Menschen so akzeptierst und sein lässt, wie sie sind.

Auf der emotionalen Ebene könntest du aufschreiben, dass du immer häufiger glücklich und zufrieden bist und deine Zeit mit Unternehmungen füllst, die dir Freude bereiten.

Auf der persönlichen Ebene notierst du vielleicht, dass du immer mehr zum Macher wirst, dass du immer häufiger gewinnst und Glück hast.

Zu deinen körperlichen Identifikationen schreibst du vielleicht auf, dass du immer schlanker und sportlicher wirst, dass du eine immer längere Strecke laufen kannst, dass du immer schöner wirst oder dich immer jugendlicher fühlst.

Auf der weltlichen Ebene notierst du möglicherweise, dass du immer etwas reicher wirst, dass du immer mehr Anerkennung und Wertschätzung bekommst oder dass du einen Partner oder Kinder hast.

Überprüfe deine Liste noch einmal, ob du nicht zu starke Appetenzmotive notiert hast, die dich zur Superheldin machen würden. Wir teilen unsere Wünsche in diese Ebenen auf, damit wir nicht vergessen, dass wir Erfüllungen auf all diesen Ebenen benötigen, um wahrhaft glücklich zu sein. Was nutzt uns all der Reichtum, wenn wir körperlich leiden, was nutzt es uns, ein Sieger zu sein, wenn wir einsam sind, und was nutzt es uns, eine perfekte Ehefrau zu sein, wenn wir unzufrieden sind? Wir neigen oftmals dazu, ein oder zwei Ebenen einfach zu vergessen.

Wenn du nur eine Aversionsliste schreibst, also lediglich die Umstände notierst, die du loswerden möchtest, fokussierst du dich genau auf das, was du nicht mehr willst, und verstärkst es durch deine Aufmerksamkeit. Dein Erfolgs- und Glückspotenzial ist jedoch wesentlich höher, wenn du statt des Loswerdenwollens einfach das stattdessen Erwünschte erreichen willst.[9] Wir können nicht erwarten, das zu bekommen, was wir uns wirklich wünschen, wenn wir nur an das denken, was wir nicht wollen.[10]

---

9 vgl. Deletz, Bodo, 2015-2018

10 vgl. Grabhorn, Lynn, 2004

Achte dabei darauf, dass du nicht in Superlative verfällst, du weißt schon, Stress und so. Wir müssen nicht perfekt sein, außerdem noch lebensfroh, unabhängig, glücklich, erfolgreich, schlank, intelligent, ein guter Mensch oder besser als andere. Wir wollen vor allem eins sein: glücklich. Wir gestalten unser Glück mit Leichtigkeit und ganz entspannt. »Ich bin so glücklich, alles, was ich brauche, kommt leicht zu mir. Ich bin total begeistert, wie leicht alles geworden ist. Ich fühle Entspannung und dennoch verwirklichen sich meine Wünsche. Ich bin sehr dankbar. Alles ist noch besser als gedreht.«

Wenn du keine Lust hast, so eine Liste zu erstellen, ist das überhaupt nicht schlimm. Ich habe dir diese Möglichkeit genannt, damit du ein Gespür dafür bekommst, dich auf das zu konzentrieren, was du willst, und keinen deiner Lebensbereiche vernachlässigst. Um jedoch erst mal anzufangen, brauchst du weder eine Liste noch einen Plan. Drehe dir etwas, was du dir wünscht, fühle Begeisterung und staune, auf welch wunderbare Weise sich dein Wunsch erfüllt.

Wenn du magst, kannst du auch die Listen am Ende des Buches ausfüllen und dir, deinen Wünschen und deinen Wunschsabotagen dadurch auf die Schliche kommen. Zu den meisten Themen in diesem Buch findest du dort so eine Liste, die dir weiterhelfen könnte.

Kapitel 3

Die Matrix findet Wege

»Als es um das Thema Geld ging, waren meine ersten Versuche, ein neues Drehbuch zu schreiben, alles andere als erfolgreich. Ich malte mir extrem viele surrealistische Bilder von Geld aus, das mir nur so zufloss, begrub mich dabei aber unter einem ganzen Berg von unglaubwürdigen Geschichten. Ich spürte, wie sich meine alten Glaubenssätze rührten mit Fragen wie: ›Wie um alles in der Welt willst du das erreichen? Woher willst du dir die Zeit dafür nehmen? Was ist, wenn sich keiner dafür interessiert?‹ Zweifel, Zweifel und nochmals Zweifel.

Langsam dämmerte es mir, dass ich nicht einer Steven-Spielberg-Produktion […] nacheifern musste, sondern nur eine halbwegs glaubwürdige Geschichte zu erfinden brauchte. Also fing ich nochmal von vorn an, diesmal mit einer weit glaubwürdigeren Geschichte, von der ich wesentlich überzeugter war. Anstatt darüber zu reden, wie das Geld hereinströmt, überlegte ich mir, wo es überall hinfließen könnte, wie toll sich meine

Projekte entwickelten, auf welch große Nachfrage meine [...] Angebote stießen. So fühlte es sich gut an.«[11]

»[...] sie sollen die Stapel von Geldscheinen, die sie sich ausgemalt haben, erst einmal vergessen und sich darauf konzentrieren, was sie mit dem Geld alles machen wollen [...] bis sie [...] Begeisterung empfinden [...]. Indem man die negativen Aspekte, die beim Thema Geld immer mitschwingen – besonders, wenn man keins hat –, ausschaltet, zieht man das Geld unbewusst an.«[12] »Die Leute wollen doch auch nur das, was alle wollen [...]; nicht die blöden Papierscheine, sondern die Erlebnisse, die damit verbunden sind.«[13] »Die Energie des Geldes braucht Ziele; keine Ziele, kein Geld.«[14]

»Und Geld? Es fließt jetzt mit Leichtigkeit herein – und das schon seit einer ganzen Weile. Ich stellte gleich am Anfang [...] fest, dass der Geldfluss in direktem Verhältnis zu meinem Energiefluss stand. Wenn kein Geld hereinkam, wusste ich, dass ich [...] Angst und Sorgen [...] hatte. Als ich dann wieder mehr Geld hatte, wusste ich, dass mein Ventil[15] offen war.«[16]

Mit Begeisterung macht das Drehen viel mehr Spaß und ist auch am effektivsten. Wenn wir Spaß haben, erhöht unser Emotionalgehirn die Leistungsfähigkeit des Großhirns um zweihundert Prozent unserer normalen Möglichkeiten.[17]

---

11 vgl. ebd.

12 vgl. ebd.

13 vgl. ebd.

14 vgl. ebd.

15 Ventil ist hier metaphorisch gemeint, ein Ventil, das die hohe Energie auf- oder zudreht.

16 vgl. Grabhorn, Lynn, 2004

17 vgl. Deletz, Bodo, 2016

Der Möglichkeitsraum, die Matrix, wird oft als Spiegel unseres Selbst bezeichnet. Die Matrix spiegelt uns, was tatsächlich in uns ist. Wenn du hundertfünfzig Kilo wiegst und in einen Spiegel schaust, kannst du nicht erwarten, einen schlanken Menschen zu sehen. Es nutzt auch nichts, den Spiegel zu beschimpfen oder ihn anzuflehen, dir einen schlanken Menschen zu zeigen. Die Matrix, also das, was dir das Leben präsentiert, spiegelt dir einfach nur die Energien, die du in dir trägst.[18] Die Matrix spiegelt uns die Energien, die wir in uns tragen, in Form von Ereignissen. »Die Dinge sind nicht, wie sie sind. Sie sind, wie wir sind.«[19]

»Die Matrix ist eine nichtphysische, multidimensionale Wirklichkeit. Dort gibt es alle Möglichkeiten, wie sich unsere kollektive Realität tatsächlich manifestieren kann. Und unter all diesen Möglichkeiten wählen wir dann alle gemeinsam mit unserer Wahrnehmung eine einzige aus, die dann tatsächlich für uns alle als physische Wirklichkeit manifestiert wird – wobei an manchen Ereignissen und Umständen nur sehr wenige Wesen (nicht nur Menschen, sondern alle Lebewesen – auch Tiere und so weiter bestimmen gemeinsam unsere Realität) – beteiligt sind und an anderen sehr viele oder tatsächlich alle![20]

Die Matrix ist zwar eine Art Spiegel, jedoch ein Spiegel, der uns unsere Realität durch alle vier Wahrnehmungsfilter spiegelt. Einen Wahrnehmungsfilter kannst du dir wie einen Filter bei einer Kamera oder einem Fernrohr vorstellen. Zwischen dir und der Realität liegen die Wahrnehmungsfilter,

---

[18] vgl. ebd.

[19] vgl. Fromer, Jakob, 2013

[20] vgl. Deletz, Bodo, 2016

die bestimmen, was du vom Möglichkeitsraum, in dem ja alle Möglichkeiten vorhanden sind, sehen kannst. Der Filter bestimmt, wie du deine Realität gestaltest.

Ist dein Filter leicht, filtert er alle Möglichkeiten heraus, die schwer sind. Ist dein Filter schwer, filtert er alle Möglichkeiten heraus, die leicht sind, du musst also zwangsläufig eine schwere Realität erleben.

Es gibt vier Wahrnehmungsfilter: Deine Glaubenssätze, deine Konditionierungen, deine Identitätsenergien und die Kollektivenergien.[21] Was Glaubenssätze sind, weißt du. Du kannst zum Beispiel glauben, dass Astrologie funktioniert, oder du kannst glauben, dass das totaler Humbug ist. Konditionierungen und Kopplungen entstehen immer dann, wenn etwas wiederholt zeitgleich stattfindet. Vielleicht kennst du das, wenn du einen bestimmten Geruch wahrnimmst, dass du dann an eine bestimmte Situation oder Person denken musst, einfach weil diese Situation oder Person zeitgleich mit diesem Geruch von dir wahrgenommen wurde. Das gleiche Phänomen gibt es auch bei Liedern.

Wenn deine Eltern immer dann, wenn es um Geld ging, ein schlechtes Gefühl hatten und ausstrahlten, ist es sehr wahrscheinlich, dass deine Konditionierungen in Bezug auf Geld ähnlich sind. Identitätsenergien sind im Gegensatz dazu die Energien und Gefühle, die du allein aussendest. Wenn du dich zum Beispiel über das Bild freust, das du gemalt hast, ist das deine eigene Energie. Wenn viele Menschen einen bestimmten Politiker doof finden, ist das eine Kollektivenergie, die in der Matrix vorhanden ist.

---

21 vgl. ebd.

Geld ist das Wort mit der stärksten negativen Schwingung – und zwar in jeder Sprache.[22]

Geld ist eine reine Kollektiv-Energie, die von fast allen Menschen dieser Erde gemeinsam erschaffen wurde. Die Geldmenge auf dieser Welt ist jedoch begrenzt, es gibt nur das Geld, das da ist. Alle Wirklichkeiten, die wir uns schaffen können, finden innerhalb dieser begrenzten Geldmenge statt. Das heißt, es ist nicht möglich, eine Realität zu gestalten, in der alle Menschen Milliardäre sind.[23]

Eine weitere Rahmenbedingung ist, dass Menschen einem nicht einfach so Geld geben. Das heißt, es gibt auch keine Realität, in der wir morgens aufwachen und uns jeder Mensch in Europa eintausend Euro überwiesen hat.

Wenn wir mehr Geld bekommen, dann bedeutet das, dass jemand uns das Geld geben muss.[24]

Die Gesetzmäßigkeiten, die wir geschaffen haben, sehen dann in der Regel so aus, dass wir für die Geldmenge, die wir bekommen, etwas geben müssen. Eine Dienstleistung oder eine Ware. Oder, was auch noch möglich ist, sind Spiele wie beispielsweise Lotterien, wo jeder ein bisschen was gibt und einige Wenige ganz viel davon rausbekommen.[25]

Geld produzieren dürfen nur die Zentralbanken, die tatsächlich privaten Personen gehören. Für Nationen und Bürger ist Leihen die einzige Möglichkeit, Geld zu bekommen. Privatpersonen leihen sich das Geld von der Bank oder erhalten es von einer Firma, für die sie arbeiten.

---

[22] vgl. Grabhorn, Lynn, 2004

[23] vgl. Deletz, Bodo, 2015 -2018

[24] vgl. ebd.

[25] vgl. ebd.

Die Firma hat sich das Geld jedoch vorher leihen müssen. Das bedeutet, dass jeder, der Geld hat, kein eigenes Geld hat, es ist nur geliehen. Besitzen tun das Geld die Zentralbanken. Niemand anderes besitzt Geld.[26]

Die Zentralbanken geben das Geld aber nicht einfach so umsonst raus. Sie wollen Zinsen. Und die Zentralbanken wollen das Geld zurück. Die gesamte Welt, alle Menschen, die auf der Welt sind, sollen mehr Geld zurückzahlen als an Geldmenge auf dieser Welt überhaupt existiert.[27]

Es gibt nur eine Möglichkeit, dieses Geld zurückzuzahlen, nämlich indem man sich erneut Geld bei den Zentralbanken leiht und von dem geliehenen Geld dann die Zinsen zurückbezahlt. Es gibt in diesem System jedoch nicht genug Geld, um es an die Zentralbanken zurückzuzahlen, und das sorgt natürlich für ein kollektives Mangelgefühl und den individuellen Eindruck von Machtlosigkeit. Wenige Menschen haben zwar genügend Geld, dafür die meisten sehr wenig, zu wenig oder gar keins. Die Kollektiv-Energie zu Geld ist Mangel, Machtlosigkeit, Unsicherheit und Angst.[28].

Wenn wir uns dennoch im Möglichkeitsraum mehr Geld, mehr Wohlstand gestalten wollen, dann können wir diese Möglichkeiten im Möglichkeitsraum erst dann sehen, wenn wir unsere diesbezüglichen Energien beispielsweise durch gut schwingende Drehbücher korrigieren.

Wenn alle Menschen ihre Energien in Bezug auf Geld verändern würden, dann würde sich dadurch unser Währungssystem ändern. Es nutzt nichts, sich dagegen aufzulehnen oder

---

26 vgl. ebd.

27 vgl. ebd.

28 vgl. ebd.

das System ungerecht zu finden. Im Gegenteil. Wir sind dabei ja voll auf das ausgerichtet, was wir nicht wollen und würden damit weiterhin dafür sorgen, dass es gestaltet wird.[29]

Womöglich wird es noch hunderte Jahre dauern, bis wir die kollektive Geld-Energie verändert haben, doch können wir die Vorreiter sein. Drehst du mit?

»Sie müssen dem Geld ein Betätigungsfeld geben, in das es fließen kann. Also sprechen Sie morgen über Ihr nächstes Vorhaben, übermorgen über Ihren Urlaub, dann über Ihr neues Auto, die letzte Ratenzahlung für Ihr Boot, und kosten Sie jedes Detail aus, während Sie immer weiter darüber reden und es spüren – wieder und wieder.[30]

In Bezug auf Geld wollen wir eine Realität gestalten, die das Maximum an Glück widerspiegelt. Das bedeutet nicht automatisch, dass mehr Geld mehr Glück bringt. Deshalb halte ich es für klug, weder bestimmte Geldmengen noch bestimmte Einnahmequellen zu manifestieren.

Wenn die Matrix weiß, dass sie uns ein Maximum an Glück in Bezug auf unsere finanzielle Situation widerspiegeln soll, dann sind bestimmte Summen oder Einnahmequellen lediglich Einschränkungen, die uns möglicherweise sogar weniger glücklich machen. »Die Matrix spiegelt mir ein Maximum an Glück in Bezug auf meine Finanzen. Danke. Danke. Danke. Es ist besser als gedreht.«

Wir müssen uns auch keine Gedanken darüber machen, wie die Matrix es anstellt, dass wir das Geld für unsere Wünsche bekommen. Das *Wie* überlassen wir dem Möglichkeits-

---

29 vgl. ebd.

30 vgl. Grabhorn, Lynn, 2004

raum, er kennt ja alle Möglichkeiten, sogar die, an die wir im Traum nicht denken würden.

Nachdem ich ein paarmal gedreht hatte, dass ich ein festes Einkommen und in meiner Nähe eine Freundin habe (als Selbständige hatte ich jeden Monat unterschiedlich viel Geld zur Verfügung, und meine Freundinnen wohnten alle weit weg), las ich in der Zeitung von einem Mitsing-Konzert. Ich kaufte mir ein Ticket, ging an dem besagten Abend zu dieser Veranstaltung und hatte eine Menge Spaß. An jenem Abend wurde auch ein Gewinnspiel veranstaltet. Auf einem Zettel sollte man Fragen beantworten und den Zettel dann in eine Box werfen. Noch am gleichen Abend wurden die Gewinner bekannt gegeben. Ich gewann. Juhuu. Mit mir gewann noch eine andere Frau, die sich genauso über den Gewinn, eine Freikarte für ein weiteres Mitsing-Konzert, freute wie ich.

Wir kamen ins Gespräch. Irgendwann erzählte ich der Frau, was ich beruflich mache und dass ich früher mal Grundschullehramt studiert hatte, dass ich jedoch das Referendariat seinerzeit gekündigt hatte, weil ich andere verrückte Ideen hatte, die ich umsetzen wollte.

Die Frau erzählte mir, dass sie einen Tag zuvor mit einem Mann gesprochen hatte, der beim Schulamt arbeitete. Er forderte sie auf: »Wir haben einen so großen Lehrermangel, wir können die offenen Stellen nicht mehr besetzen. Sagen Sie bitte jedem, der Lehramt oder irgendetwas anderes studiert hat, dass er sich bei uns melden soll, ganz egal, ob ein Referendariat vorliegt oder nicht.«

Ich war sprachlos. Nie hätte man sich noch einige Jahre zuvor vorstellen können, dass man ohne ein abgeschlossenes Referendariat als Lehrer eine Anstellung finden könnte.

Ich dachte mir, dass das alles wohl kein Zufall sei, und rief, erst mal nur aus Neugier, nach einigen Tagen des Überlegens, beim Schulamt an. Die Dame am Telefon wollte weder wissen, wo ich studiert hatte, noch, welchen Notendurchschnitt ich hatte, noch sonst irgendetwas. Ihre einzige Frage war: »Können Sie morgen anfangen?«

Ich war überrumpelt, und ohne wirklich darüber nachzudenken, sagte ich: »Morgen nicht, aber Montag.«

Ich brauchte keine Bewerbung schreiben, auch nichts mit der Post schicken, weil das zu lange gedauert hätte. Es genügte, dass ich mehr oder weniger gute Fotos von meinem Examen und meiner Geburtsurkunde per eMail an diese Frau vom Schulamt sendete.

Da hatte ich mein Festgehalt. Es war besser als gedreht und eine Verkettung von Ereignissen, die ich niemals so gedreht hätte. Die Matrix findet Wege, die man sich nicht ausdenken kann. Und würden wir sie uns ausdenken, würden uns alle nur den Vogel zeigen und sagen, dass wir spinnen.

Kapitel 4

Wir wählen unsere Realität

Zum mentalen Reichtum gehört auch das Gefühl, dass es reicht. »Ich habe immer (häufiger) genug Geld. Es reicht immer (öfter). Ich habe immer (öfter) mehr, als ich brauche.« Vermögen kommt etymologisch von *mögen.*[31] Wenn wir uns und andere mögen, erschaffen wir, dass wir vermögend sind. »Ich mag mich. Ich mag dich. Ich mag xy.«

»Da wir nun einmal auf diesem Planeten und damit in einem Energiefeld leben, das hauptsächlich aus den niedrigen Schwingungen von über sechs Milliarden Menschen[32] besteht, die alle mehr Stress- und Angstgefühle als Freude aussenden, werden wir von diesen Schwingungen auch unweigerlich beeinflusst und reagieren darauf, solange wir nicht gelernt haben, uns diesen vorherrschenden niedrigen Schwingungen bewusst zu entziehen […].«[33]

---

31 vgl. Etymologisches Wörterbuch, siehe Verwendete Literatur

32 Lynn Grabhorn publizierte ihr Werk erstmals 1999.

33 vgl. Grabhorn, Lynn, 2004

Sobald du deine Energien erhöhst, erhöhst du auch die Kollektivenergie um ein ganz kleines Bisschen und machst es anderen Menschen dadurch ein klein bisschen leichter, ihre Energien ebenfalls anzuheben, so, wie auch du von jeder Begeisterung, jeder Freude auf diesem Planeten profitierst. Besonders stark spürst du Kollektivenergien, wenn du dich in Menschengruppen aufhältst.

Warst du schon mal im Fußballstadion, wenn ein bestimmter Verein gewonnen hat? Ich habe zwanzig Jahre lang in Dortmund gelebt. Immer, wenn der BVB gewonnen hatte, konnte ich das, ohne das Spielergebnis zu kennen, spüren. Die ganze Stadt hob sich energetisch empor. Es war jedes Mal so, als schwebe die Stadt und ihre Menschen für einige Stunden, oft sogar bis zum nächsten Morgen, bis der Alltag wieder in das Leben der Menschen zurückkehrte.

Oder warst du mal auf einer Messe? Jedes Mal, wenn ich eine Messe besuchte (und ich meine die Ausstellungsmessen, nicht die katholischen Gottesdienste), spürte ich die Müdigkeit und Geschäftigkeit der Besucher. Es dauerte nie lange, bis auch ich in müde Geschäftigkeit geriet. Ein individuelles Drehbuch diesbezüglich zu machen fiel mir leider nie ein.

Wenn ich einzelne Tage drehte, hatte ich immer großen Erfolg. Da ich jahrelang nicht wusste, was ich wirklich will, drehte ich die normalen Tagesabläufe. Ich drehte, wie der Arbeitstag verlaufen sollte, wie bestimmte Gespräche und das Sportprogramm laufen sollten. Da hing nicht viel dran, nichts davon war besonders wichtig, und ich bin sicher, dass ich die Einzige war, die für diese Ereignisse echte, mit Energie aufgeladene Drehbücher machte. Deshalb liefen die Tage auch immer, wirklich immer, so, wie ich sie morgens auf dem

Weg zur Arbeit drehte. Bis ich, Schweinehund lässt grüßen, irgendwann wieder damit aufhörte.

Du kannst dir dann mehr Geld manifestieren, wenn du alle Wahrnehmungsfilter optimierst und zusätzlich eine wirksame Methode der Realitätsgestaltung, zum Beispiel Drehbücher, anwendest. Das Tolle an den Drehbüchern ist, dass du dir die komplizierte Arbeit des Wahrnehmungsfilter-Reinigens sparen kannst. Wenn du immer die gleichen Drehbücher wiederholst, ändern sich automatisch deine Glaubenssätze, beginnst du deine Konditionierungen zu ändern und änderst ebenso deine Identitätsenergien, weil du ja andere, neue Energien erschaffst und ausstrahlst.

Mit jedem Menschen, der seine Energien ändert, ändert sich automatisch ein Teil der Kollektivenergien, denn wir sind ja alle ein Teil vom Kollektiv. Die Drehbücher sind also eine effektive Abkürzung zum Glück.

Genau genommen erfüllt die Matrix keine Wünsche, sondern spiegelt sie.[34] Eigentlich gestalten wir auch keine Realität, wir ziehen sie auch nicht an, wir haben diesen Sprachgebrauch nur von all den vielen Büchern zum Thema Manifestation übernommen und nicht wissenschaftlich hinterfragt. In Wirklichkeit wählen wir unsere Realität aus.[35]

Der Möglichkeitsraum, also die Matrix, gibt uns auch gewisse Grenzen vor. Im Möglichkeitsraum befinden wir uns in der kollektiven Wirklichkeit, das bedeutet, nicht alle Ereignisse hängen von unseren eigenen Energien, sondern auch von den Energien der anderen Menschen ab. Die Gestaltung un-

---

[34] Deletz, Bodo, 2016

[35] vgl. ebd.

serer Wirklichkeit geschieht kollektiv. Wir können zum Beispiel nicht allein bestimmen, ob wir mit einem bestimmten Menschen eine Paarbeziehung eingehen.

Es kann halt nicht jede Frau dieser Welt Brad Pitt heiraten (was natürlich auch nicht jede will). Genauso wenig können alle Menschen der Welt gleichzeitig Kanzlerin von Deutschland oder Kaiser von China sein. Das kann immer nur einer.

Und das ist auch gut so.

Oder wie würdest du es finden, wenn einfach jeder X-beliebige erschaffen könnte, dass du seine neue Partnerin bist? Wir können nur das gestalten, was von der anderen Seite oder von allen Beteiligten ebenfalls gestaltet wird.[36]

Du kannst dir jedoch drehen, einen bestimmten Menschen zu treffen. Ich war, und bin, ein großer Fan der Fernsehserie *Der letzte Bulle*. Ich hatte mir alle Staffeln auf DVD besorgt und die Serie mehrfach angeschaut. Mein Drehbuch war, dass ich die Schauspieler alle persönlich treffe. Diese Vorstellung begeistere mich.

Und tatsächlich: Es ereignete sich, dass zu der Serie ein Kinofilm produziert wurde. Die Premiere fand in Essen, wo die Serie auch spielt, statt. Um eine Karte für die Premiere zu erhalten, musste man an einem bestimmten Tag in dem Kino eine Karte erwerben. Da ich zu der Zeit in Dortmund wohnte und selbständig war, nahm ich mir für diesen Tag frei, fuhr rechtzeitig zu dem Kino nach Essen und ergatterte eine der begehrten Premierenkarten. Am Tag der Premiere fuhr ich schon viele Stunden vorher nach Essen und wartete vor dem Kino. Hunderte andere Fans waren bereits vor mir da, und

---

[36] vgl. Deletz, Bodo, 2015-2018

wir alle waren in freudiger Erwartung auf den Film und besonders auf die Schauspieler.

Die gesamte Filmcrew mit allen Schauspielern fuhr in dem berühmten grünen Opel Diplomat dieser Serie vor, und die versammelte Menschenmenge tobte vor Begeisterung. Der Film wurde gezeigt, und danach hatten wir Gelegenheit, die Schauspieler zu treffen und zu sprechen.

Henning Baum, der Hauptdarsteller und der, von dem ich am meisten begeistert war, fragte mich: »Wo kommst du her?« Ich sagte: »Aus Dortmund.« Henning: »Sauber, die aus dem Ruhrpott sind die Besten.« Ich lächelte, und er fügte hinzu: »Das blonde Gift aus Dortmund.« Für mich hätte es damals kein besseres Kompliment geben können. Ich war der glücklichste Mensch der Welt.

Hätte ich jedoch gedreht, die neue Freundin von Henning Baum zu sein, wäre das zum einen mit dem Wunsch sehr vieler Frauen – und wohl auch seinem eigenen – kollidiert, und zum anderen hätte ich mir, wäre mein Wunsch in Erfüllung gegangen, möglicherweise einen Partner erschaffen, der vielleicht gar nicht zu mir passt.

Kapitel 5

Kollektivenergien

Wenn du dir eine neue Beziehung mit deinem Seelenpartner wünscht, sind an dieser Manifestation in der Regel sehr wenige Menschen beteiligt, manchmal nur zwei Menschen, dein Partner und du.[37]

Lorna Byrne warnt uns jedoch davor, eine Beziehung mit unserem Seelenpartner manifestieren zu wollen. Lorna besitzt seit ihrer Geburt die Fähigkeit, Seelen, Engel und Geister visuell, auditiv und physisch wahrnehmen zu können. Sie hat beobachtet, wie ein Arzt in einer Kinderklinik in ein Zimmer trat, in dem ein kleiner Junge in einem Bett am Fenster des Raumes lag. Der Junge war sehr krank und bekam keinen Besuch. Lorna konnte beobachten, dass die Seele des Arztes mit der Seele des kleinen Jungen verbunden war. Sie waren Seelenpartner. Der Arzt fragte sich, wie es sein könne, dass er sich mit diesem kleinen Patienten so

[37] vgl. Deletz, Bodo, 2016

verbunden fühlen konnte. Der Junge starb. Lorna führt weiter aus, dass wir unserem Seelenpartner manchmal nur für ein paar Minuten in diesem Leben begegnen, vielleicht ist es sogar der Bettler vor dem Supermarkt, der dich auf wundersame Weise berührt.[38]

Bodo Deletz formuliert seine Ansichten zu einem Seelenpartner in der Wertschätzungsgruppe bei Facebook so:[39] »Ja, ich bin [...] sicher, dass es so etwas wie Seelenpartner oder Dualseelen gibt. Aber das heißt nicht, dass die Beziehung mit einem Seelenpartner oder einer Dualseele einfacher ist. Das ist sie ganz und gar nicht! Insbesondere nicht mit Dualseelen.

Eine Dualseele ist eine Seele, die sich zwei Mal zur gleichen Zeit inkarniert hat. Zwar haben Dualseelen eine sehr ähnliche Seelenstruktur und damit auch Persönlichkeitsstruktur, aber sie sind im Detail komplett konträr. Und damit muss man erst einmal umgehen lernen! Schafft man es, diese Unterschiede als Ergänzung anzunehmen, erfährt man ein Gefühl nie dagewesener Ganzheit!

Die meisten Dualseelen schaffen das jedoch leider nicht. Sie schlagen sich eher gegenseitig die Köpfe ein, weil sie viele Eigenschaften bei ihrem Partner nicht akzeptieren können! Viele erleben dann sogar eine Art Hassliebe, weil sie den anderen so gerne lieben würden, wenn er doch nur dieses und jenes ändern würde!!! Nur ein verschwindend kleiner Prozentsatz erlebt mit seiner Dualseele eine glückliche Beziehung. Der Rest trennt sich wieder und hat danach das Problem, sich nur sehr schwer wieder in einen anderen Menschen ver-

---

38 vgl. Byrne, Lorna; Lemke, Bettina, 2016

39 vgl. Wertschätzungsexperiment in der Matrix, Facebook

lieben zu können. Die Gefühle für die Dualseele sind einfach deutlich stärker, als das normalerweise der Fall ist, sodass man danach jede weitere Beziehung emotional mit der Liebe zur Dualseele vergleicht. [...]

Doch die Gefühle, die wir mit einem geliebten Menschen erleben, sind nicht davon abhängig, ob wir nun mit unserer Dualseele oder einem Seelenpartner oder einem anderen Partner zusammen sind. Das ist nur am Anfang der Beziehung so. Man kann die gleiche tiefe Liebe auch mit einem Nicht-Seelenpartner erfahren.

Liebe ist [...] eine Frage der Wir-Identifikation. Und genau das geschieht einfach nur schneller, wenn wir auf einen Seelenpartner (Menschen, mit denen wir auch in anderen Leben zusammen sind. Da gibt es mehrere!) oder unsere Dualseele (gibt nur eine) treffen. Wir erkennen einander intuitiv sehr viel schneller als sonst üblich.

Genauer gesagt spüren wir intuitiv die Zusammengehörigkeit schneller! Und dieses Erkennen führt zu einer stärkeren und schnelleren Wir-Identifikation.

Wie stark unsere Liebe jedoch wird, hängt daher nicht vom Seelenpartner oder der Dualseele ab, sondern letztendlich von unserer eigenen Wir-Identifikation. [...] Wer die Wir-Identifikation mit einem Partner, der nicht Seelenpartner oder Dualseele ist, auf gleichem Niveau zulässt, erfährt die gleiche tiefe und intensive Liebe wie [...] mit [...] einer Dualseele.

Es hat daher nur einen einzigen Vorteil, wenn man einem Seelenpartner oder seiner Dualseele begegnet. Man erkennt die Zusammengehörigkeit schneller und erfährt dadurch leichter eine intuitive Wir-Identifikation. Dafür ist die Beziehung im Alltag dann jedoch umso schwieriger.«

Überlege also gut, ob du wirklich deinen Seelenpartner, eine Dualseele oder vielleicht doch lieber den Partner manifestierst, der in allen Lebensbereichen hervorragend zu dir passt und dein Leben größtmöglich bereichert.

Wenn du dir einen bestimmten Job manifestieren möchtest, dann kann es sein, dass gleich mehrere hundert Menschen an diesem Ereignis beteiligt sind: die Firma, die diesen Job ausgeschrieben hat, alle, die sich ebenfalls auf diese Stelle beworben haben, der Personalchef und viele andere.[40]

Wenn du manifestieren möchtest, dass sich die Wolkendecke auflöst, der Regen ein Ende nimmt und die Sonne endlich wieder scheint – und das gefälligst augenblicklich –, dann wären alle Menschen, die dieses lokale Wetterphänomen wahrnehmen, daran beteiligt. Wolltest du jedoch ein bestimmtes Klima für den gesamten Planeten gestalten, so wären an dieser Manifestation, an dieser Schöpfung Menschen, alle Tiere und alle Pflanzen der Erde beteiligt.[41]

Meine Eltern bekamen zum vierzigsten Hochzeitstag von uns Kindern eine Ballonfahrt geschenkt. Da diese jedoch Ende Oktober stattfinden sollte, hofften wir alle auf gutes Wetter. Der Tag rückte immer näher, und die Wetterprognosen sagten einstimmig Wolken und Regen vorher. Ich rief meine Geschwister an, erzählte kurz und knapp, was ein Drehbuch ist, dass es mir egal sei, was sie davon halten würden, aber sie nun bitte ein Drehbuch für gutes Wetter für den Tag der Ballonfahrt machen sollten. Meine Geschwister sind Experimenten gegenüber meistens aufgeschlossen und

---

40 vgl. Deletz, Bodo, 2016

41 vgl. ebd.

begannen sofort zu drehen. Ich machte natürlich auch ein Drehbuch dazu. Ich sprach also in etwa Folgendes: »Die Ballonfahrt von Mami und Papi findet an dem geplanten Tag bei strahlendem Sonnenschein statt. Sie starten, fahren und landen bei trockenem Wetter und freuen sich riesig über dieses tolle Erlebnis.« Ich lud mein Drehbuch mit jeder Menge positiver Energie auf und wiederholte es mehrmals, bis meine Erwartungshaltung bezogen auf das Wetter in Sonnenschein umgewandelt war.

Der besagte Tag kam, das Wetter war trübe. Der Ballon wurde aufgeblasen, die Wolken verschwanden, die Sonne erschien am Himmel, meine Eltern schwebten über ihre Heimat hinweg, setzten zur Landung an, stiegen aus dem Ballon und in ihr Auto und – der Regen setzte ein.

»Wenn sehr viele Menschen an die Macht der Bachblüten glauben, dann gestalten sie damit eine kollektive Realität – jedoch keine, an die sich alle sieben Milliarden Menschen auf der Welt halten müssen! Wer sich keine großen Gedanken um die Bachblüten macht und sie einfach anwendet, der schließt sich für gewöhnlich einfach der bereits vorhandenen kollektiven Realität zum Thema Bachblüten an. Denn wenn sehr viele Menschen eine positive Erwartungshaltung gegenüber den Bachblüten oder einem Medikament haben, dann lenken diese vielen Menschen die Wahrnehmung des Individuums automatisch auf die kollektive Erwartungshaltung, und so wird eine Realität ausgewählt, in der die Bachblüten wirken. Wenn jedoch ein Mensch bewusst oder unbewusst von den Bachblüten nichts hält, dann haben sie auch keine oder nur eine stark abgeschwächte Wirkung, denn das Individuum wird vom Kollektiv nur auf die Realität aufmerksam gemacht, dass Bachblüten wirken. Dem Individuum wird dieser Glaube jedoch nicht aufgezwungen.«[42]

Ich beende dieses Buch im August 2020. Die ganze Welt dreht gerade die zweite Corona-Welle, indem sie diese wortreich zu verhindern versucht. Die Erwartungshaltung des globalen Kollektivs ist eine weitere Welle.

Ich weiß nicht, wann dieses Buch im Buchhandel erscheinen wird. Möglicherweise wirst du dann schon wissen, ob das energiegeladene globale Drehbuch Erfolg hatte.

Du kannst dich weigern, auf die Erwartungshaltung des Kollektivs zu schauen, genauso, wie du dich weigern kannst, in den Himmel zu schauen, obwohl alle Menschen, die neben dir stehen, in den Himmel schauen, weil es dort irgendetwas Spannendes zu sehen gibt. Du kannst dich weigern, die Nachrichten zu schauen und deine Realität an die Erwartungshaltung des Kollektivs anzupassen.

Wenn dir die Nachrichten in der Welt nicht gefallen, geh raus und kreiere neue!

---

42 vgl. ebd.

Kapitel 6

Die kritische Masse

Du könntest nun denken, dass, wenn du nichts gegen all diese schrecklichen Ereignisse auf der Welt tun kannst, sich auch nichts ändert. »Das ist ein Trugschluss. Nur, weil wir nicht gegen etwas sind, kann es sich trotzdem ändern, wenn wir für etwas sind. Und zwar viel effektiver, viel leichter und schneller, als wenn wir das Negative bekämpfen.«[43]

»Gab es im Jahr 1865 Waffen an den Schulen, Vergewaltigungsserien, Brandstiftung oder wurden Gebäude in die Luft gesprengt? Nein, denn es gab keine Medien, die sich darauf fixierten und so die entsprechenden Schwingungen hervorbrachten, dass diese Ereignisse massenhaft auftreten konnten. Stattdessen gab es Zeitungen und Steckbriefe von Eisenbahn- und Bankräubern. Das Ergebnis war, dass es zu immer mehr Überfällen dieser Art kam.[44] Auch heute können wir feststel-

---

43 vgl. Deletz, Bodo, 2015-2018

44 vgl. Grabhorn, Lynn, 2004

len, dass Flugzeugabstürze, Tunnelunfälle, Selbstmordattentäter oder eingestürzte Brücken sehr häufig in einem kurzen Zeitabstand hintereinander auftreten. Es gibt regelrechte Unglücks-Serien. Wir erschaffen diese Serien durch unsere Aufmerksamkeit und unsere Gefühle, die wir zu diesen Ereignissen haben. Im Großen erschaffen wir solche Unglücksserien, im Kleinen erschaffen wir uns auf die gleiche Weise Rechnungen, defekte Geräte oder blöde Chefs. Lasst uns unsere Aufmerksamkeit lenken auf das, was wir wirklich wollen. Wir müssen unsere Umstände nicht ändern, wir dürfen uns nur nicht mehr darauf konzentrieren.[45]

Ich gewann mal bei einem Freund ein Computerspiel für eine Person, weil ich mir sagte, dass ich gewinnen werde. Der Freund sagte mir später, dass die Einstellungen so waren, dass man das Spiel nicht gewinnen konnte. Ich hatte mich in diesem Fall nicht geweigert, sondern ich wusste davon einfach nichts, und so konnte sich mein Drehbuch manifestieren.

Die Erwartungshaltung funktioniert übrigens nicht nur für Menschen. Wenn viele Menschen die Erwartungshaltung haben, dass zum Beispiel ein bestimmtes Medikament Tieren helfen kann, dann wird sich ein Tier in der Regel dieser Wahrnehmung anschließen.[46]

Lynn Grabhorn hatte zwei Hunde, die pausenlos bellten und über die sich alle Nachbarn beschwerten. Lynn geriet in Stress, denn sie liebte diese Tiere, wollte jedoch auch nicht ihre Nachbarn verärgern. Sie beschloss, Drehbücher zu machen. Sie drehte, dass die Hunde ruhig, still und friedlich

---

[45] vgl. ebd.

[46] vgl. Deletz, Bodo, 2016

sind. Ein ums andere Mal wiederholte sie das gleiche Drehbuch und lud es mit positiver Energie auf, bis eines Tages, du ahnst es bereits, die Hunde einfach aufhörten zu bellen, fortan friedlich und still waren und die Nachbarn, die am Zaun entlanggingen, freundlich anschauten.[47]

Alle Wesen, auch Tiere, wählen ihre Realität aus. Sie können alle Realitäten auswählen, die im Möglichkeitsraum, der Matrix, vorhanden sind. Wenn in der Matrix beide Möglichkeiten vorhanden sind, nämlich dass ein bestimmtes Medikament wirkt und dass dieses Medikament nicht wirkt, gibt es Menschen, bei denen das Medikament wirkt, und andere, bei denen es nicht wirkt. Es gibt jedoch auch die kollektive Vereinbarung, dass bestimmte Medikamente immer wirken. Zum Beispiel Arsen. Arsen ist immer tödlich. Das haben wir als kollektiv erschaffen.[48]

Bodo Deletz hält es sogar für möglich, dass ein Mensch durch den Placebo-Effekt die chemische Wirkung von Arsen komplett kompensieren könnte. Manche Menschen können das mit der Wirkung von Koffein.

Ich kenne einige Menschen, die glaubhaft versichern, dass sie, egal ob oder wie viel Koffein sie zu sich genommen haben, immer gut schlafen können.

Wir können als Individuum unsere Realität immer nur innerhalb dessen auswählen, was die Matrix, die vom Kollektiv erschaffen wird, uns als Rahmen vorgibt. Damit haben wir als Individuum Grenzen, jedoch unsagbar viele Möglichkeiten, unsere Realität zu gestalten. Als Kollektiv könnten wir die

---

47 vgl. Grabhorn, Lynn, 2004

48 vgl. Deletz, Bodo, 2016

Welt aus den Angeln heben. Es müssten halt nur alle, oder die kritische Masse, mitmachen.

Große Gruppen von Meditierenden können beispielsweise die Kriminalitätsrate senken.

Die jüngste Studie einer Reihe, die bereits seit Jahrzehnten läuft, deutet darauf hin, dass eine genügend große Gruppe, die das Fortgeschrittenenprogramm der Transzendentalen Meditation, das TM-Sidhi-Programm, ausübt, in Zusammenhang mit verminderter sozialer Gewalt steht.

Für den Zeitraum von 2007 bis 2010, als es eine genügend große Gruppe gab, zeigte die statistische Analyse einen signifikanten Rückgang sowohl der nationalen Mordrate als auch der Gewaltverbrechensrate in Großstädten im Vergleich zu Trends im Bezugszeitraum von 2002 bis 2006.

Von Juli 2006 an versammelten sich Meditierende, die die Fortgeschrittenentechnik ausübten, an der Maharishi University of Management in Fairfield, Iowa, USA, um eine Gruppe zu bilden, die groß genug war, einen positiven Einfluss auf die gesamten Vereinigten Staaten auszuüben.

Der Rückgang der Mordrate insgesamt im Vergleich zur durchschnittlichen Rate des Bezugszeitraums lag bei 21,2 % während des vierjährigen Interventionszeitraums (5,3 % pro Jahr). Eine Analyse der monatlichen Daten zeigte, dass ein steigender Trend der US-Mordrate während des Vergleichszeitraums von 2002 bis 2006 im Interventionszeitraum der Studie von 2007 bis 2010 umgekehrt wurde.

Die Forscher schätzen, dass durch die höchst signifikante Veränderung des Aufwärtstrends in einen Abwärtstrend 8.157 Tötungsdelikte verhindert wurden. Die Studie wurde im April 2016 in *SAGE Open* veröffentlicht. Diese Zeitschrift ist Mitglied im Komitee für Publikationsethik Committee on Publication Ethics (COPE).[49]

Die Hypothese von einem Feldeffekt des Bewusstseins bedeutet, dass es eine unterschwellige Verbindung zwischen Menschen gibt. Je stärker das darunterliegende Feld belebt wird, desto größer ist der vereinheitlichende Einfluss von Frieden und Harmonie auf der oberflächlichen Ebene des Lebens.

Die Hypothese wurde zum ersten Mal im Jahr 1960 von Maharishi Mahesh Yogi aufgestellt, der die Technik der Transzendentalen Meditation eingeführt hatte. Diese Hypothese wurde zuerst durch veröffentlichte Forschungsarbeiten in den 1970er und 1980er Jahren bestätigt, als beobachtet wurde, dass Städte, in denen 1 % der Bevölkerung die Transzendentale Meditation ausübten, signifikante Steigerungen von positiven Trends aufwiesen.

Man fand, dass die Wirkung erheblich größer war, als das Fortgeschrittenenprogramm, die TM-Sidhi-Technik, eingeführt wurde. Es wurden Beobachtungen gemacht, die darauf hinwiesen, dass nur die Quadratwurzel aus 1 % der Bevölkerung nötig war, um die Harmonie zu erhöhen und verschiedene Messgrößen für die Lebensqualität in der Gesellschaft zu verbessern.

Neun von Fachleuten überprüfte Artikel, darunter vierzehn Studien, sind bis jetzt veröffentlicht worden, die diesen hypothetischen Effekt bestätigen.[50]

Wenn also nur die Quadratwurzel von 1 % der Weltbevölkerung nötig ist, um die Ereignisse auf unserem Planeten zu

---

[49] vgl. EurekAlert, 2020

[50] vgl. ebd.

ändern, dann genügen bei einer derzeitigen Weltbevölkerung von 7,79[51] Milliarden Menschen schon weniger als 30.000 Menschen, um die Ereignisse auf unserem Planeten massiv zu verändern. Ich finde, das ist eine sehr gute Nachricht, die zeigt, wie groß unsere Schöpferkraft ist.[52]

»Kollektivenergien sind immer gemeinsame Gestaltung. Und das begrenzt unsere Möglichkeiten. Wir haben also nicht unendliche Möglichkeiten, sondern nur extrem viele. Dann nutzt es auch nicht, wenn wir an das Unmögliche glauben. Unser Glaube gestaltet keine Realität. Unser Glaube ist nur ein Filter, ein mentaler Filter, durch den wir die Realität wahrnehmen. Gestaltet wird unsere Realität durch den Akt der Wahrnehmung. In dem Moment, wo wir etwas als Wirklichkeit wahrnehmen, wird es manifestiert.«[53]

---

51 Stand 2021

52 Von Marlies Pante ist ebenfalls ein Buch über Schöpferkraft erschienen, siehe Literaturliste, zu finden auf www.AmraVerlag.de.

53 vgl. Deletz, Bodo, 2016

Kapitel 7

Kopplungen

Auch dein physischer Körper ist Teil der Matrix, des Wirklichkeitsraumes. Unsere Körper sind von der der kollektiven Matrix, von allen Wesen, die es in der Matrix gibt, geschaffen, und dies gibt den Rahmen vor, innerhalb dessen wir uns bewegen können.[54] Wir können zum Beispiel nicht hundert Meter hoch sein.

Wir können jedoch sehr sehr viel erschaffen. Alles, was auf der Welt schon mal erschaffen wurde, kannst du auch erschaffen, innerhalb des Rahmens, den uns die Matrix vorgibt. Du kannst nicht immer erschaffen, deine Gesundheit ohne Hilfe von anderen zurückzuerlangen; wir können immer nur das Ergebnis, nicht den Weg dorthin erschaffen. Wir könnten schon einen Heilungsweg manifestieren, aber ob dieser für uns ideal ist und uns zu Gesundheit führt, ist unsicher. Viel sicherer ist es, die Drehbücher zu Gesundheit, nicht zum

[54] vgl. ebd.

Heilungsprozess zu machen. Die Matrix führt uns dann zu den richtigen Heilern oder Ärzten.

Wenn du krank bist, genügt es, Drehbücher zu deiner Gesundheit zu machen. Du musst dir keine komplizierten Geschichten zu kniffligen Heilmethoden ausdenken. Drehe deine Gesundheit, fühle dabei deine Gesundheit, sei in hoher Schwingung und sei wachsam für die richtige Behandlungsmethode. Sein Leben zu drehen bedeutet nicht, im stillen Kämmerlein zu sitzen, ab und zu mal ein Drehbuch zu machen und alle Ärzte nach Hause zu schicken, weil du ja mit deinen Drehbüchern deine Realität erschaffst. Die positive Energie deiner Drehbücher wird dir die richtigen Ärzte, Methoden oder Heiler erschaffen.

Du wirst spüren, was als Nächstes zu tun ist und welches Angebot du annehmen solltest.

Wenn du dich für eine Heilmethode oder einen behandelnden Arzt entschieden hast, kannst du all deine Zweifel loslassen. Je mehr Vertrauen du in genau diesen Arzt, diese Heilmethode investierst, desto schneller und erfolgreicher werden sie dich bei deiner Genesung unterstützen.

Du kannst deinen Glauben daran verstärken, dass dir deine bewusste Realitätsgestaltung diesen Arzt oder diese Methode in dein Leben gebracht hat und deshalb auch die Methode oder der Arzt derjenige ist, der dir hilft, wieder vollständig gesund zu sein. Zweifel bringen weitere Situationen, die dich zweifeln lassen. Mit Vertrauen erschaffst du weitere Ereignisse, die dich erneut vertrauen lassen.

So gut wie jedes Kind in unserer westlichen Kultur erfährt im Laufe seiner Kindheit, dass es immer dann besonders viel Zuneigung bekommt, wenn es sich weh getan hat, krank ist, emotional leidet oder traurig ist. Seine Eltern wollen ihm dann Trost spenden und ihm zeigen, dass es auch in dieser schwierigen Lebenssituation nicht allein dasteht.[55]

Mit der Zeit entsteht dabei im Emotional-Gedächtnis unweigerlich eine Kopplung zwischen mehr Liebe und Leid. Hat man eine sehr starke Kopplung, dann kann es passieren, dass man auf einer unbewussten Ebene ständig versucht, über Verletzungen, Krankheiten, weltliche Missstände oder schlechte Gefühle ein Mehr an Liebe zu bekommen. Man ist sich dessen nicht bewusst, denn dieses Verhalten wird nicht vom Großhirn ausgelöst, sondern direkt vom Emotional-Gehirn, welches im Unbewussten agiert.[56]

Wenn so eine Kopplung besteht, wird man jeden bevorstehenden Erfolg sabotieren. Denn ein Misserfolg bringt Leid hervor, von dem man sich ja wieder mehr Liebe erwartet. Man verletzt sich ständig, ist krank, schwer behandelbar, leidet emotional und findet immer wieder Gründe, warum es einem schlecht geht. Denn Leid, emotionales, weltliches oder körperliches Leid, ist mit einem Mehr an Liebe gekoppelt.[57]

Wenn du dich traurig, enttäuscht, deprimiert, frustriert, ängstlich oder verletzt fühltest, wenn du körperliche Verletzungen, Schmerzen hattest oder krank warst, für welche Krankheiten bekamst du am meisten Zuneigung? Vielleicht erhieltest du auch immer dann mehr Zuneigung, wenn du weltliche Probleme hattest wie Misserfolge, Überforderung, Stress, Sorgen und dergleichen. Für welche weltlichen Probleme hast du am meisten Liebe bekommen?

---

[55] vgl. Deletz, Bodo, 2015 -2018

[56] vgl. ebd.

[57] vgl. ebd.

Wenn man in seiner Kindheit oder später im Leben immer dann am meisten Zuneigung bekommen hat, wenn man ein weltliches Problem hatte, dann wird man eine Kopplung zwischen mehr Liebe und Machtlosigkeit aufgebaut haben. Denn ein weltliches Problem hat man immer nur dann, wenn man sich machtlos fühlt.

Diese Kopplung sorgt dafür, dass man natürlich immer irgendwo ein Problem haben will, auf einer tiefen unbewussten Ebene, die man vom Verstand her gar nicht greifen kann, weil es ja direkt aus dem Emotional-Gedächtnis kommt. Man will dann einfach auf unbewusster Ebene ein Problem haben, und man will sich machtlos fühlen.

Man will dann dazu auch nicht seine Energie aufsteigen lassen und findet immer einen Grund, warum das grade nicht geht. Man hat Angst, in seine Macht zu kommen und dadurch keine Liebe mehr zu erhalten.[58]

Hattest du schon einmal Liebeskummer? Oder ist dir schon mal aufgefallen, dass dir in der Liebe immer wieder das Gleiche passiert? Die gleichen Ereignisse, nur mit anderen Menschen? Kann es sein, dass du die Partner, die du haben willst, nicht bekommst, und die, die du haben könntest, nicht willst? Hast du schon einmal versucht, daran etwas zu ändern? Und ist dir das möglicherweise nicht gelungen? Verliebst du dich immer in die, zu denen du dir selbst eigentlich nicht raten würdest? Und fällt es dir womöglich schwer, Liebe für Menschen zu empfinden, die dein Verstand für dich aussuchen würde?

Vor wenigen Jahren entdeckten Wissenschaftler im limbischen System unseres Gehirns etwas, das sie emotionales

---

[58] vgl. ebd.

Gedächtnis nannten. In unserem Emotional-Gehirn gibt es jedoch keine Erinnerungen, sondern lediglich energetische Kopplungen. Liebe ist eine weite, leichte, helle und belebende Energie. Wird die Liebe nicht als diese hohe Energie empfunden, dann liegt das daran, dass sie in unserem emotionalen Gedächtnis mit einer schweren, dunklen, engen oder lähmenden Energie gekoppelt ist.[59]

Liebe kann beispielsweise an Unterordnung gekoppelt sein. Es gibt Eltern, die von ihren Kindern eine komplette Unterordnung verlangen. Lehnen sich die Kinder dagegen auf, werden sie bestraft, ordnen sie sich dem Willen der Eltern unter, erhalten sie dafür eine Belohnung in Form von Zuneigung. Geschieht dies häufig, gibt es im Emotional-Gedächtnis eine Kopplung zwischen Liebe und Unterordnung.

Menschen mit dieser Kopplung suchen sich dann auch später immer einen Partner, der sie unterordnet und dominiert. Wenn sie sich einen netten Mann oder eine liebe Frau suchen, können sie einfach keine Liebe empfinden, denn Liebe ist ja an Unterordnung gekoppelt. Zwar wissen diese Menschen aus Erfahrung, dass sie sich immer in die Falschen verlieben, doch wenn sie sich jemanden suchen, der sie nicht unterordnet, können sie keine Liebe empfinden.[60]

Ist die Liebe an Einengung gekoppelt, hat das zur Folge, dass man sich einen Partner sucht, der einen einengt, denn ohne Einengung kann man keine Liebe fühlen, da diese ja – wie gesagt – an Einengung gekoppelt ist. Man sucht sich also zielgerichtet jemanden, der einen einengt. Wenn man sich

---

[59] vgl. Deletz, Bodo, 2015-2018

[60] vgl. ebd.

dann eingeengt fühlt, fängt man an, um seine Freiheit zu kämpfen. Natürlich will man die Liebe spüren, aber dennoch möchte man seine Freiheit haben.[61]

Und das ist *ein* Beispiel: Es gibt sehr viele unterschiedliche Kopplungen an die Liebe.

Die meisten Menschen wurden in der Liebe schon einmal emotional verletzt, verlassen, betrogen, zurückgewiesen, enttäuscht oder belogen. All diese emotionalen Verletzungen heilen mit der Zeit zwar wieder, aber ein wenig ihrer Schwere bleibt immer im emotionalen Gedächtnis zurück und belastet dann zukünftige Beziehungen.

Und so wird es mit jeder weiteren emotionalen Verletzung immer schwieriger, eine glückliche Beziehung zu führen, und es wird auch immer schwieriger, sich auf die Liebe überhaupt noch einzulassen.[62]

Ein Mensch, der schon viel Negatives erlebt hat, hat Angst, dass ihm das wieder passieren könnte. Diese Angst sorgt dafür, dass er sich nicht so richtig auf eine weitere Liebesbeziehung einlassen möchte. Bei vielen geht es so weit, dass sie regelrecht flüchten, wenn ihnen jemand *gefährlich* werden könnte. Wenn Liebe jedoch an Angst gekoppelt ist, sucht man sich automatisch immer wieder jemanden aus, der einem gefährlich werden kann, denn jemand, bei dem man keine Angst verspürt, kommt einem gar nicht attraktiv vor – denn Liebe ist ja an Angst gekoppelt.

Diese Angst kann sich in vielerlei Hinsicht Ausdruck verschaffen – der Angst, verlassen zu werden, der Angst, betro-

---

61 vgl. ebd.

62 vgl. ebd.

gen zu werden, in Form von Eifersucht oder der Angst, sich in einer Beziehung zu sehr aufzugeben. Diese Ängste spiegeln sich zum einen in der Partnerwahl wider, aber auch und vor allem in der Art, wie man eine Beziehung lebt.[63]

Und so nutzt es auch gar nichts, wenn uns alle Freunde sagen, dass wir uns immer auf die Falschen einlassen, das wissen wir selbst, aber wir können es nicht ändern, denn weder unser Wille noch unser Verstand haben Zugriff auf die Kopplungen im Emotional-Gedächtnis. In unserer Kultur sind wir alle als Kind mit Zuneigung belohnt und getröstet worden, wenn es uns schlecht ging. Deswegen ist diese Kopplung so gut wie bei Jedem entstanden.

Es gibt nur einige wenige Naturvölker, bei denen es keine Kopplung zwischen Liebe und Leid gibt. Das bekannteste Volk sind die Yekuana in Venezuela.[64]

Bei den Yequana werden Kinder praktisch das ganze erste Lebensjahr auf dem Arm oder am Körper getragen und nach Bedarf gestillt. Die Kinder schlafen gemeinsam mit den Eltern, bis sie selbst aus dem Familienbett ausziehen, meist zwischen dem dritten und dem fünften Lebensjahr. Ermahnungen oder Tadel, wie sie Bestandteil der westlichen Erziehung sind, finden, Jean Liedloffs Beobachtungen zufolge, nicht statt. Jean Liedloff unternahm in ihrem Leben fünf längere Expeditionen zu den Yekuana. Sie konnte beobachten, dass die Kinder zu ungewöhnlich freundlichen, friedlichen und selbstbewussten Menschen heranwachsen.[65]

---

63 vgl. ebd.

64 vgl. Liedloff, Jean; Schlottmann, Eva, 2017

65 vgl. Wikipedia

Wenn Liebe stark an Mangel gekoppelt ist, dann fühlt man sich nie richtig geliebt. Und auch nie genügend geliebt. Da reicht bereits eine kleine Kritik oder eine kleine Unaufmerksamkeit seitens des Partners, und schon stellt man die Liebe in Frage.[66]

»Menschen, die eine sehr starke Kopplung von Liebe an Mangel haben, wollen in der Regel perfekt sein. Sie wollen ganz besonders wertvoll sein, denn davon versprechen sie sich Liebe. Doch selbst dann, wenn der Partner sie als perfekt ansieht, fühlen sie sich nie sicher genug, ob er wirklich auch bei dieser Meinung bleibt und sie weiterhin liebt. Sie brauchen eine ständige Bestätigung, dass sie wirklich noch geliebt werden. Das ist auch die Ursache, warum wir unser Herz an diejenigen hängen, die wir nicht ganz haben können. Nur in einer Mangelsituation ist es uns möglich, Liebe zu fühlen.«[67]

Deshalb ist es sinnvoller, die Drehbücher nicht in erster Linie für unsere Perfektheit zu nutzen, sondern für das, was wir mit ihr erreichen wollen, nämlich in den allermeisten Fällen Liebe. Ein schöner Körper oder gute Umgangsformen sind natürlich *nice to have*, aber eben nicht das, was wir wirklich wollen. Wir haben einen Wunsch hinter dem Wunsch. Zuneigung bekommt man ohnehin nicht für irgendetwas, was man tut. Zuneigung bekommt man geschenkt für sein So-Sein. Für Anerkennung muss man etwas tun. Hinter dem Wunsch nach Anerkennung steckt der Wunsch nach Liebe.

Glücklicherweise lassen sich diese energetischen Kopplungen auch leicht wieder verändern, wenn man weiß, wie das

---

66 vgl. Deletz, Bodo, 2015-2018

67 vgl. ebd.

geht, und hat damit die Chance, sich beim nächsten Mal tatsächlich in einen Menschen zu verlieben, mit dem echtes Glück möglich ist. In der Bodo Deletz Akademie[68] kann man dies erlernen. In ein bis vier Jahren ist jeder Teilnehmer in der Lage, sämtliche Kopplungen an die Liebe aufzulösen.

Ich habe drei Jahre dafür benötigt.

Wenn wir jedoch lernen, unsere Energien bewusst zu lenken, Begeisterung zu fühlen, Fantasie-Energien von echten zu unterscheiden, und beim Drehen verbal ins Sprudeln kommen, immer wieder sagen, warum wir das haben wollen, was wir uns wünschen, auf die kleinen Tricks beim Drehen achten und einfach dranbleiben, können wir auch *so* unsere Kopplungen auflösen. Auf diese vielen unterschiedlichen Weise laden wir unsere Wünsche mit positiver Energie auf. So schaffen wir neue Datenautobahnen im Gehirn. Je öfter wir diese Kombination von Wunsch und guter Energie bewusst provozieren, also bei einem gut ausgeschmückten Drehbuch Begeisterung und Liebe fühlen, desto stärker werden die entsprechenden neuronalen Verbindungen im Gehirn und desto stärker ist auch unsere neue Kopplung von zum Beispiel Liebe und Glück, welche die alten Kopplungen langsam verkümmern lässt. Denn neurologische Verbindungen, die nicht mehr genutzt werden, werden nach und nach schwächer. Wir schreiben sozusagen ein neues Kapitel unseres Lebens.

Dem Drehbuch sei Dank.

»Diese Muster lösen sich nachweislich nur dann auf, wenn sie über einen längeren Zeitraum nicht mehr benutzt werden, denn unser Gehirn ist neuroplastisch – das bedeutet, es passt

---

68 vgl. ebd.

sich permanent an die aktuellen Anforderungen an. Wenn ein Muster häufig gebraucht wird, wird es von unserem Gehirn automatisch verstärkt. Wird ein Muster selten verwendet, wird es abgeschwächt. Und wird ein Muster gar nicht mehr verwendet, dann kann es sein, dass es unter Umständen nach langer Zeit sogar ganz aufgelöst wird.[69]

»Der entscheidende Faktor [...] besteht also darin, eine unbewusste Denkroutine [...] zu schaffen, die im Alltag dafür sorgt, dass die alten negativen Muster nicht mehr aktiviert werden. Das ist das Kernprinzip jeder guten Veränderungsarbeit.«[70]

»Das sind die beiden tragenden Säulen des Glücks: glückliche Emotionen vermehren und unglückliche reduzieren.«[71]

---

69 vgl. Deletz, Bodo, 2016
70 vgl. ebd.
71 vgl. ebd.

Kapitel 8

Die Welt tritt zur Seite, um den vorbeizulassen, der weiß, was er will

Es war glaube ich 2006 oder 2007, als meine Freundin Elke mir das Buch *Aufwachen, Dein Leben wartet*[72] von Lynn Grabhorn empfahl. Ich las es und war sofort motiviert, mit Elke Drehbücher zu machen. Zu dieser Zeit wohnte Elke in Freiburg und ich in Dortmund, eine Strecke, die wir nicht täglich fahren konnten. Deshalb telefonierten wir fast jeden Abend. Elke wollte einen neuen Mann und ich 50.000 Euro mit den Drehbüchern erschaffen.

Bald jedoch merkten wir, dass es uns nicht gelang, unsere Wünsche mit wirklich guter Energie aufzuladen.

Elke hatte Zweifel, auf diese Weise einen guten Mann, und ich hatte Zweifel, tatsächlich so viel Geld manifestieren

---

72 vgl. Grabhorn, Lynn, 2004

zu können. Wir waren ja noch nicht drehbucherfahren und drehten sofort in die Vollen.

Wir dachten, dass wir unsere Zweifel austricksen könnten, indem ich die Drehbücher für Elke und Elke die Drehbücher für mich machte. Denn Elke hatte kein Thema mit Geld, 50.000 Euro hielt sie für einigermaßen realistisch, und ich hatte zu dieser Zeit den Glaubenssatz: *Männer gibt es doch an jeder Ecke.*

Jeden Abend erzählte ich also Elke, dass ein neuer Mann in ihrem Leben ist, mit dem sie in einer Partnerschaft lebt, womöglich würde er einfach an ihrer Haustür klingeln, denn Männer gäbe es ja schließlich an jeder Ecke und man müsse nichts dafür tun. Mit diesem Mann würde sie eine wunderbare Freizeit erleben, er sähe gut aus und er würde sie über alles lieben. Alles im Präsens, also der Gegenwartsform, das hatten wir bereits verstanden.

Elke erzählte mir jeden Abend, dass ich 50.000 Euro habe, dass ich mich total darüber freue und dass das Geld völlig unverhofft auf mich zu kam.

Mit jeder Wiederholung schmückten wir die Drehbücher weiter aus, bis wir für jedes Drehbuch immer zwischen zehn und zwanzig Minuten brauchten. Wir redeten uns in völlige Begeisterung, fühlten das Geld und den Mann. Elke fühlte das Geld, und ich fühlte den Mann. Wir hatten große Freude an diesem Experiment.

Nach wenigen Wochen klingelte ein Paketzusteller bei mir, übergab mir ein Paket, wir unterhielten uns, er bekam meine Telefonnummer und wir waren zwei Jahre ein Paar. Alles war so, wie ich es für Elke gedreht hatte. Wir hatten eine schöne Freizeit, er liebte mich über alles und – was für mich der absolute Hammer war – ich hatte nicht einmal das Haus verlassen müssen, um ihn kennenzulernen.

Etwa zeitgleich erhielt Elke ein Schreiben von ihrem Vermieter. Das Haus, in dem sie wohnte, sollte verkauft werden, und alle Mieter wurden gebeten auszuziehen. Einige zogen sofort, andere später aus und Elke blieb wohnen. Sie wollte einfach nicht ausziehen und hatte auch noch keine andere Wohnung gefunden. Als die Zeit drängte, und der neue Besitzer des Hauses mit groß angelegten Renovierungsarbeiten beginnen wollte, bot er Elke 50.000 Euro an, wenn sie endlich ausziehen würde. Elke nahm das Geld und war happy. Alles war genau so, wie sie es für mich gedreht hatte.

Elke hatte Drehbücher und positive Energien für Geld und ich für eine neue Partnerschaft ausgesendet.

Diese Lektion hatten wir verstanden.

Seitdem drehen wir eigentlich nur noch für uns selbst und tasten uns mit unseren Energien langsam an das heran, was wir vor Drehbuch-Beginn für unwahrscheinlich halten, was wir noch nicht als Wahrheit fühlen können.

Wir alle wissen, dass wir nicht pausenlos gute Gefühle haben, auch, wenn wir diese Methoden noch so doll trainieren. Bodo Deletz warnt sogar eindringlich davor, aus dem Gute-Gefühle-haben-Wollen eine Notwendigkeit zu machen. Wenn wir unbedingt vermeiden wollen, schlechte Gefühle zu haben, ziehen wir genau das an: schlechte Gefühle. Wenn wir Angst haben, dass unsere schlechten Gefühle etwas Schlechtes erschaffen, erschaffen wir vor allem noch mehr Situationen, in denen wir Angst haben, etwas Schlechtes zu erschaffen. Wenn also schon mal schlechte Gefühle da sind und wir sie nicht oder nur mühsam wegdrehen können, dann können wir einfach akzeptieren, dass sie da sind. Je weniger Aufmerksamkeit wir ihnen schenken und je weniger wir sie unbedingt loswerden wollen, desto besser. Dann haben wir eben halt mal schlechte Gefühle. Morgen ist auch noch ein Tag, da können wir wieder mit Begeisterung drehen. Unsere Gute-Gefühle-Bilanz ist ohnehin schon wesentlich besser als jemals zuvor, und so können wir auch nur wesentlich besseres kreieren als jemals zuvor. Ein paar unglückliche Stunden oder Tage sind da nicht erheblich. Wir dürfen auch mal traurig sein. Kein Grund, gleich den Gefühlsstaubsauger herauszuholen oder uns selbst zu verurteilen.

Sei lieb zu dir. Du darfst auch traurig sein.

Wenn du glaubst, dass du eine Kopplung an Liebe haben könntest, kannst du deine Drehbücher in etwa so gestalten: »Ich bekomme Liebe, auch wenn ich gesund bin, ich werde geliebt, unabhängig davon, ob ich Erfolg oder Misserfolg habe. Immer häufiger fühle ich mich machtvoll und gestalte meine Realität nach meinen wahren Wünschen. Liebe ist eine helle Energie in meinem Leben. Mein Liebesleben ist erfüllt und glücklich.«

Du wirst spüren, wie du dich nach und nach in diese Energie hineindrehst, diese Energie als deine eigene erkennst und annimmst, immer machtvoller und gesünder wirst. Es ist wie in der Werbung. Wenn wir Werbeslogans mehr als einundzwanzig Mal hören, fangen wir an, sie zu glauben. Mach Werbung für dich selbst, für deine wahren Wünsche. Um eine Gewohnheit zu ändern, benötigt man laut einer Studie sechsundsechzig Tage.[73]

---

73 vgl. Schimming, Stefan, 2015

Wenn du dich in einer lebensbedrohlichen Situation befindest, dann lässt dein Emotional-Gehirn keine positiven Gedanken-Energien zu diesen Umständen zu.[74] Wenn der Säbelzahntiger bereits vor dir steht, macht es wenig Sinn, erst noch mal gemütlich ein Drehbuch zu machen und die Reflexionspause abzuwarten. In solchen Situationen handeln wir. Für alle anderen Umstände machen wir ein Drehbuch. Wenn wir Lust haben. Ohne Lust – schlechte Energie. Schlechte Energie gleich schlechtes Drehbuch. Schlechtes Drehbuch gleich schlecht kreierte Realität. Allerdings haben Dorit und ich uns schon sehr sehr häufig von einer schlechten in eine gute Energie gedreht. Zu zweit geht es meist einfacher, allein klappt es aber auch. Vielleicht hast du ja eine Freundin oder einen Freund, der mit dir drehen möchte.

Nachdem ich schon lange keine Drehbücher mehr mit Elke gemacht hatte, besuchte Dorit mich in Dortmund. Wir hatten beide gerade Liebeskummer, saßen in meiner Küche, tranken Tee und schimpften und litten. Wir waren wütend und ärgerlich und schmückten unser Leid in epischer Breite vor der anderen aus. Nach einigen Stunden Leid und Mitleid hielt ich inne und sagte: »Dorit, so geht das nicht. So können wir nicht weitermachen.« Ich erzählte ihr von den Drehbüchern, und Dorit war sofort begeistert. Wir verließen die Wohnung, gingen an die frische Luft, spazierten eine Runde um den Phoenixsee und drehten uns in die beste Stimmung, die wir seit Monaten gehabt hatten.

Grundsätzlich können wir nicht wissen, ob unser Körper eine Heilung auch von allein schafft, wie er das beispielsweise

[74] vgl. Deletz, Bodo, 2015-2018

beim Placebo-Effekt häufig tut, oder ob wir eine Behandlung benötigen. Daraus ergibt sich ein großes Erfolgspotenzial für die Drehbücher, denn wir drehen weder, dass unser Körper die Heilung ganz von allein schafft, noch, dass ein bestimmter Arzt uns helfen wird. Wir drehen und fühlen das Endergebnis, unsere Gesundheit. Dies hat den Vorteil, dass du keine medizinische Behandlung abbrechen oder verzögern musst. Du gestaltest dir Gesundheit und nicht den Weg, der dich zur Gesundheit führt. Dass diese Behandlung genau die richtige für dich ist, kannst du selbstverständlich drehen.

Der Wissenschaftsbeirat der Bundesärztekammer empfiehlt seit 2011, die Placebo-Behandlung als gleichwertig mit der herkömmlichen Medikation einzustufen. Der wichtigste Punkt beim Placebo-Effekt ist, dass dabei weder das Symptom behandelt noch die Krankheitsursache gelöst wird. Placebo-Forschungen zeigen auf, dass es tatsächlich egal ist, ob die echte Ursache behandelt wird oder eine erfundene.[75]

»Wenn man zum Beispiel [...] glaubt, dass ungelöste finanzielle Probleme auf kurz oder lang immer Schmerzen im rechten Zeigefinger auslösen, dann hat man gute Chancen, bei einem finanziellen Engpass auch einen schmerzenden Zeigefinger zu bekommen – und zwar in einer Weise, bei der man sich diesen Schmerz nicht einfach nur einbildet.«[76]

Der Nocebo-Effekt, bei dem sich die Gesundheit aufgrund eines Glaubens verschlechtert, kann für einen echten, physischen Krankheitsbefund sorgen.[77] Viele Menschen glauben, dass Liebeskummer, bei dem einem ja das Herz gebrochen

75 vgl. ebd.

76 vgl. Deletz, Bodo, 2016

77 vgl. ebd.

wird, zu einem Herzinfarkt führen kann. Tatsächlich haben Wissenschaftler festgestellt, dass nach einem heftigen Liebeskummer bei manchen Menschen physische Risse im Herzmuskelgewebe entstehen. Im medizinischen Fachjargon spricht man vom Broken-Heart-Syndrom, oder auf Deutsch Stress-Kardiomyopathie.[78]

Der Nocebo-Effekt ist in der Regel sogar um einiges stärker als der Placebo-Effekt.[79] Deshalb, ihr Lieben, lasst uns an die Wirkung der Drehbücher glauben. Lasst uns unsere eigenen Placebo-Wunder kreieren und unseren Fokus auf das richten, was wir uns wünschen. Es gibt wissenschaftliche Untersuchungen, die belegen, dass sogar Tiere, beispielsweise Pferde und Hunde, positiv auf Placebo-Behandlungen reagieren. Voraussetzung hierfür ist jedoch der Glaube und die Erwartungshaltung des Besitzers.[80]

Du kannst dir mit den Drehbüchern keinen Lottogewinn herbeizaubern, aber du kannst die Entwicklung deines Reichtums beeinflussen. Ob das Geld dann von einer Lottogesellschaft, einem Verwandten, einem Arbeitgeber oder sonstwoher kommt, wählt die Matrix. Sie hat so viel mehr Möglichkeiten, als wir uns vorstellen können.

Um den großen Lottogewinn für dich zu gestalten, trittst du energetisch gegen alle anderen Millionen Lottospieler an, und ich wette, es sind einige dabei, die beim Thema Geld wesentlich gelassener sind als du. Wenn du eine Not wenden, Sorgen loswerden oder finanzielle Löcher stopfen möchtest, handelst du aus einer Angst heraus. Angst kreiert jedoch nur weitere Si-

---

[78] vgl. ebd.

[79] vgl. ebd.

[80] vgl. ebd.

tuationen, in denen du Angst hast. Eine Frau las das Buch *The Secret*[81] und begann zu manifestieren. Sie wiederholte stets diese Worte: »Ich gebe immer sorglos Geld aus.« Sie erhielt immer mehr Rechnungen und verstand nicht, warum. Bis ihr jemand sagte, dass sie durch das Wort *sorglos* ihren Fokus auf ihren Sorgen hatte. Sie erschuf sich immer mehr Situationen, in denen sie sich Sorgen machte. Sorgen und Angst sind keine guten Ratgeber und auch keine guten Drehbücher.

»Ich kann mir alle Kleidung leisten, die mir gefällt. Meine Kaufkraft wird immer größer. Ich freue mich über all die Dinge, die ich kaufen und bezahlen kann.«

Aus dem Gefühl des Mangels heraus zu erschaffen, erschafft nur noch mehr Mangel. Deshalb drehen wir uns nach und nach in kleinen Schritten, in dem Maße, wie unsere Energie mit aufsteigen kann, in ein Leben voller Fülle.

»Es gibt genügend Arbeit, Geld, schöne Wohnungen und Liebhaber. Es kann gar nicht anders sein, als dass das Universum nicht auf dem Prinzip des Mangels basiert. Mangel ist genau genommen ein von Menschen geschaffenes Phänomen.«[82]

Wir erschaffen uns nicht eine bestimmte Summe, sondern leichte, helle finanzielle Lebensumstände, also nicht konkret, sondern unspezifisch, denn die unspezifische Gestaltung entspricht dem, was wir wirklich wollen. »Meine finanzielle Lebenssituation wird immer angenehmer. Ich fühle mich immer leichter und heller, wenn ich an Geld denke. Ich bin finanziell immer sicherer aufgestellt, und die Fülle in meinem Leben wird immer größer und schöner.«

---

81 vgl. Byrne, Rhonda, 2007
82 vgl. Grabhorn, Lynn, 2004

Lynn Grabhorn berichtet, dass sie sich zwei Wochen, nachdem sie begann, Drehbücher zu machen, völlig auf einen finanziellen Erfolg fixierte. »[…] etwas sehr Dummes, da ich dadurch wieder nur das sah, was nicht da war.«[83]

»Je stärker man sich […] etwas wünscht, desto stärker werden die […] Lebensumstände, in denen der Wunsch […] noch nicht erfüllt ist. […] Und diese Empfindungen haben dann tatsächlich einen Einfluss auf die Realitätsauswahl – aber sicherlich nicht so, wie man sich das wünschen würde!«[84]

Lynn schildert in ihrem Buch ein Beispiel, in der ihr ein wichtiger Kredit von der Bank abgelehnt wurde. »Die Lage schien zwar hoffnungslos, aber ich weigerte mich, es so zu sehen, und machte mich daran, meinen Blickwinkel zu verändern, meine Empfindungen, meine Schwingungen und sogar meine Kleidung – als ich nach Hause kam, zog ich sofort etwas anderes an (auch wenn Ihnen das vielleicht ein wenig übertrieben vorkommt).«[85] Am nächsten Morgen rief der Kreditgeber an. Er hatte seine Meinung geändert und bewilligte den Kredit. »Täuschen Sie sich so lange etwas vor, bis Sie es selbst glauben. […] Sie täuschen die Gefühle einfach vor, die mit dem Wunsch verbunden sind, und reden darüber, bis Ihnen sozusagen das Wasser im Mund zusammenläuft.«[86]

Dir ist vielleicht aufgefallen, dass ich häufiger die Formulierungen *immer mehr, immer seltener* oder Ähnliches verwende. Dieses hat sich in den beinahe fünfzehn Jahren, in denen ich nun mit den Drehbüchern experimentiere, insbesondere

---

83 vgl. ebd.

84 vgl. ebd.

85 vgl. ebd.

86 vgl. ebd.

bei Wünschen, die ich für schwer erreichbar hielt, als äußerst hilfreich erwiesen. Wenn ich drehte, dass ich total reich bin, flog ich sofort aus der hohen Energie heraus. Und du weißt, ohne hohe Energie erschaffst du dir entweder nichts oder sogar das Gegenteil von deinem Wunsch. Wenn wir erfolgreiche Drehbücher machen wollen, müssen unsere Energien hoch, weit, hell und energiegeladen sein. Manchmal schwingt man sich auch erst ein. Oft fange ich erst mal an zu drehen. Nach und nach rede ich mich dann in eine regelrechte Euphorie und halte mich noch Stunden nach dem Drehen für den glücklichsten Menschen unter der Sonne.

Dazu ist es manchmal hilfreich, wenn jemand zuhört. Erzähle deine Drehbücher aber am besten keinem, der damit nichts anzufangen weiß. Du läufst Gefahr, für verrückt erklärt oder ausgelacht zu werden, aber das weißt du ja. Ich hatte das Glück, die Drehbücher zuerst mit Elke und später mit Dorit machen zu dürfen. Welch ein Geschenk.

Vielleicht kennst du auch jemanden, der mit dir drehen möchte. Zu zweit kommt man manchmal auf eine noch höhere Schwingung als allein im Auto.

Wenn du niemanden hast, ist es nicht schlimm. Wichtig ist jedoch, dass du laut drehst. Wenn du deine Wünsche nur denkst, passiert nichts. Du musst sie in Aktion bringen. Das gesprochene Wort ist Manifestation in Aktion.

> »Die Welt tritt zur Seite, um den vorbei zu lassen, der weiß, was er will.«
>
> *Kurt Tepperwein*[87]

---

[87] vgl. Tepperwein, Kurt, 2003

Kapitel 9

Fang einfach an

Früher wusste ich nie so richtig, was ich eigentlich vom Leben will oder welche Ziele ich habe. Ich hatte einfach keine echten Ziele. Ich wusste jedoch schon immer, was ich alles nicht wollte. Ich wollte nie heiraten, nie Kinder kriegen, kein Haus bauen, nicht verbeamtet werden und kein langweiliges Leben haben. Meine gesamte Energie floss in das Vermeiden all dessen. Ich lernte, natürlich, nur Männer kennen, die heiraten, Kinder haben und Häuser bauen wollten; ich war im Referendariat zur Grundschullehrerin, sollte also demnächst verbeamtet werden, und mein Leben drohte langweilig zu werden. Jedenfalls stellte ich mir ein Leben als verbeamtete Ehefrau mit Mann, Haus und Kindern so vor.

Später lernte ich dann Männer kennen, die schon verheiratet waren und bereits Haus und Kinder hatten.

Immer, wenn wir unsere Worte mit Energie aufladen, erschaffen wir. Sage ich irgendwas mit Hausbau, Heirat oder Kinder bekommen und habe dabei starke Energien – und glaube mir, Aversionsgefühle sind starke Energien –, kreiere ich für mein Leben Hausbau, Kinder und Heirat in einer negativen Energie. Hätte ich diese Worte mit guter Energie, mit Appetenzenergie aufgeladen, wäre ich vermutlich glücklich verheiratet, hätte ein bezauberndes Haus gebaut und ein paar entzückende Kinder. Wenn du mit Hausbau, Ehemännern und Kinder bekommen nichts am Hut haben möchtest, dann drehe etwas gänzlich anderes.

Ich habe tatsächlich nie geheiratet, keine Kinder bekommen, kein Haus gebaut, und ich wurde bis jetzt auch nicht verbeamtet. Doch, wirklich: Ich habe zwar mit einundfünfzig Jahren mein zweites Referendariat beendet, aber durch die Altersgrenze wurde ich nicht mehr verbeamtet. Bis jetzt. Zwischen den beiden Referendariaten war ich zwanzig Jahre lang selbständig. Ich hatte eine Vitaminbar, ein Obstgeschäft, ein Antiquariat und einen Online-Handel. Ich hatte Auszubildende und Mitarbeiter, finanzielle Höhen und Tiefen. Mein Leben war wirklich alles andere als langweilig, das kannst du mir glauben. Meine gesamten ersten vierzig Lebensjahre habe ich all meine Energie darauf verwendet, das zu vermeiden, was ich nicht will.

Seither ist viel geschehen. Die Drehbücher haben ihren Teil dazu beigetragen. Ich könnte mir inzwischen sogar vorstellen zu heiraten. Kinder habe ich, sogar einundzwanzig. Seitdem ich das Referendariat beendet habe, arbeite ich als Grundschullehrerin. Du hast vorher schon gelesen, wie ich wieder in den Schuldienst kam. Nach eineinhalb Jahren als Lehrerin entschied ich mich, das Referendariat noch einmal zu machen und dann so richtig Lehrerin zu sein.

Als ich noch nichts über Drehbücher wusste und vor über zwanzig Jahren mein Referendariat kündigte, verabschiedete ich mich scherzhaft mit den Worten: »Ich komme zurück, wenn ihr alle schon längst im Burnout seid, und ich werde auch noch verbeamtet.« Nun, der erste Teil des Drehbuchs ist bereits eingetreten. Niemals war dies jedoch mein Plan, ich hatte es eigentlich gar nicht vor.

Ich lernte mal einen Mann kennen, mit dem ich mich sehr gut verstand. Aufgrund seiner Lebenssituation sagte er immer wieder zu mir: »Ich darf mich nur nicht in dich verlieben.«

Ein anderer Mann, den ich kennenlernte, sagte mir immer wieder: »Ich will mich unbedingt in dich verlieben.«

Und jetzt rate mal, wer von den beiden sich in mich verliebte? Genau. Der erste. Der erste lud Verlieben mit Aversionsgefühlen auf. Der zweite erschuf sich genau das, was er drehte, eine Situation, in der er sich in mich verlieben wollte.

Inzwischen habe ich Ziele. Viele kleine und ein großes. Natürlich darfst du große Ziele haben und drehen. Achte bitte nur darauf, dass du keine Fantasie-Welt drehst. Auch in einer Fantasiewelt kann man gute Gefühle kreieren, die Energie deiner Wünsche ist dann jedoch nicht real, sondern virtuell. Reale, echte Energie kreierst du, wenn du deinen Wunsch wirklich fühlen und als echt empfinden kannst. Bevor ich den Wunsch hatte, Autorin zu sein, wollte ich nur ein Buch schreiben. Als es fertig war, wollte ich einen Verleger dafür finden. Als dieser da war, übrigens: Danke, Herr Nagula,[88] wollte ich ein zweites Buch schreiben. Ich habe mich langsam an eine Wirklichkeit herangedreht, mit der ich innerlich mithalten konnte. Es war immer nur der nächste Schritt, den ich

---

[88] Michael Nagula ist der Initiator des Channeling Kongresses und Verleger des AMRA Verlages, in dem auch dieses Buch erschienen ist.

für wahr halten konnte und der es mir ermöglichte, mich mit Begeisterung in die Erfüllungsenergie zu drehen.

Die Energie einer erfolgreichen Autorin verstärke ich, indem ich mir an manchen Abenden vorstelle, wie die Erfolgsenergie einiger Autoren mit meiner eigenen Autorenenergie verschmilzt. Meistens stelle ich mir dabei Neale Donald Walsch,[89] Eckhart Tolle,[90] Joan K. Rowling,[91] Byron Katie[92] oder Rhonda Byrne[93] vor. Diese Vorstellung hilft mir sehr, die Energie einer erfolgreichen Autorin spüren zu können.

Diese Methode basiert auf einer Idee von Napoleon Hill.[94] Hill hatte sich angewöhnt, jeden Abend einen imaginären Beraterstab einzuberufen. Am Tisch saßen lauter Leute, von deren Wirken er beeindruckt war. Er warf seine Fragen in die imaginäre Runde und lauschte, was diese für ihn besonderen Persönlichkeiten ihm antworteten. Hill beherzigte all diese Ratschläge und avancierte zu einem überaus erfolgreichen Mann.

So wende ich diese Methode nicht an, ich verbinde mich lediglich mit der Energie dieser Autoren. Ich erzähle dir von dieser Methode, um nicht den Eindruck zu erwecken, die Drehbücher seien das Allheilmittel in allen Lebenslagen. Es gibt viele Methoden, und jede hat ihre Berechtigung. Ich finde die Drehbücher jedoch so dermaßen genial, dass ich das Wissen einfach nicht für mich behalten kann und ich mich freue, wenn immer mehr Menschen anfangen, bewusst zu drehen.

---

89 vgl. Walsch, Neal Donald, 2009

90 vgl. Tolle, Eckhart, 2010

91 Joan K. Rowling ist die Autorin der Harry-Potter-Bücher.

92 vgl. Katie, Byron, 2002

93 vgl. Byrne, Rhonda, 2007

94 vgl. Hill, Napoleon, 2004

»Ein professioneller Autor ist ein Amateur, der nicht aufgegeben hat.«

Richard Bach[95]

Das gilt natürlich für jede Profession. Wenn du einen echten Traum hast, bleib dran. Das gibt uns Lebensenergie und Lebensfreude, es verleiht uns Motivation und Seelenfrieden.

Vielleicht dauert es eine Weile, bis du dich traust, deine wahren Wünsche auszusprechen. Jedenfalls hat es lange gedauert, bis ich alle meine Wünsche auch vor meinen Freundinnen gedreht habe. Ein bisschen Schamgefühl war manchmal schon dabei, und deshalb ließ ich es bei manchen Wünschen einfach sein, sie preiszugeben.

Sie waren nur meine geheimen Autofahrt-Drehbücher. Erst, als ich sie lange genug selbst gedreht hatte und in der erforderlichen Energie dazu war, traute ich mich, sie vor meinen Freundinnen zu drehen. Ich musste diese Wünsche gewissermaßen erst energetisch vordrehen.

Achte bei deinen »großen« Wünschen bitte darauf, ob du auch bereit bist, die Konsequenten zu tragen. Mal angenommen, dass du dir einen Sportwagen erschaffst, dann hast du in dem Auto vielleicht keinen Platz mehr für deine Kinder. Falls du dir ein Pferd drehst, überlege dir ganz genau, ob du genügend Zeit für dieses Tier hast, und wenn du Bestseller-Autor werden möchtest, überlege dir, ob du bereit bist, deinen Feierabend, deine Wochenenden und Urlaubstage darauf zu verwenden, Bücher zu schreiben und jeden Tag hunderte eMails von Lesern zu erhalten.

---

[95] vgl. so.create.it

Monotones Aufsagen deiner Wünsche, etwa so, wie manche Menschen Gebete runterleiern, wird dir nicht viel bringen. Vielleicht hilft es dir, gerade an nichts anderes zu denken, aber deine Wünsche erfüllst du so sicher nicht.

In vielen Büchern und Seminaren zur Realitätsgestaltung wird empfohlen, sich hauptsächlich auf die Wünsche und Ziele zu fokussieren. Dies ist zwar ein guter Ansatz, jedoch funktionieren diese Methoden bei sehr wenigen Anwendern oder nur bei Wünschen, die als unwichtig erachtet werden. Die wirklich großen Wunder kann man damit nicht gestalten.

»Wünsche sind Fantasievorstellungen, und Fantasievorstellungen gestalten keine Realität. Sie bleiben einfach im Bereich der Fantasie. Die wenigen Menschen, bei denen es mit den Wünschen tatsächlich klappt, machen aus der Fantasievorstellung unbewusst oder bewusst eine reale Erwartungshaltung, die dann den Fokus der Aufmerksamkeit direkt auf die zu erwartende Realität ausrichtet.«[96]

Bärbel Mohr empfahl deshalb bei den Bestellungen beim Universum, aus den Wunsch-Fantasievorstellungen eine reale Erwartungshaltung zu machen.[97,98]

In ihrem weltweiten Bestseller *The Secret* empfiehlt Rhonda Byrne,[99] man solle einfach so tun, als sei die Wunsch-Fantasievorstellung bereits Realität.

»Man soll sich also bei diesen beiden Methoden selbst austricksen [...]. Doch dieser Trick [...] hat bei den meisten Menschen eine Kehrseite – nämlich die Selbstverarschung! Dieser

---

96 vgl. Deletz, Bodo, 2016

97 vgl. ebd.

98 vgl. Mohr, Bärbel, 2016

99 vgl. Byrne, Rhonda, 2007

Trick gelingt nämlich nur dann, wenn man es schafft, seine tatsächlichen Energien, die man zu dem jeweiligen Thema in sich trägt, NICHT zu aktivieren. Und das gelingt den meisten Menschen nur ›spielerisch‹ bei unbedeutenden Manifestationen wie beispielsweise freien Parkplätzen. Sobald ihnen jedoch etwas wirklich wichtig wird, ist es sofort aus mit ›spielerisch‹. Dann wollen sie auf Nummer Sicher gehen. Und das lenkt den Fokus ihrer Aufmerksamkeit auf die Energien, die sie zu diesem Thema tatsächlich in sich tragen. Das können allerlei bewusste oder unbewusste Gefahren, Zweifel, Ängste, Notwendigkeiten, Missstandsbeurteilungen, Mangel, Machtlosigkeit und vieles andere sein. Wenn das geschieht, dann gestalten diese bewussten und unbewussten Energien natürlich Realität.«[100]

Um sich nicht selbst auszutricksen und die tatsächlichen Energien, die wir in uns tragen, hat Bodo Deletz ein hervorragendes Konzept erarbeitet, das man in zweiundfünfzig Einzelseminaren erlernen kann.[101] Ich habe diese zweiundfünfzig Seminare absolviert und bin ohnehin ein riesengroßer Fan von Bodo Deletz. Von 2004 bis 2006 habe ich mich von ihm in sechs Camps und vielen Wochenendseminaren zur Glückstrainerin ausbilden lassen. Aber keine Sorge, es ist nicht erforderlich, erst zweiundfünfzig Seminare zu absolvieren, bevor man glücklich werden kann. Wenn wir bei unseren Drehbüchern darauf achten, dass wir wirklich eine hohe Schwingung haben, dass wir uns hell, weit, leicht und energiegeladen fühlen, dann sind wir auch so zu Wundern fähig.

---

[100] vgl. Deletz, Bodo, 2016

[101] vgl. Deletz, Bodo, 2015-2018

Wenn du jedoch Schwierigkeiten hast, dich bei deinen Drehbüchern gut zu fühlen (anders funktionieren sie leider nicht, zumindest nicht so, wie wir uns das wünschen), kannst du die Minimalvariante der Bodo-Deletz-Akademie anwenden, die Kugelmethode – eine Methode sozusagen für Dummies. Stelle dir hierbei einfach vor, dass du eine Kugel bist. Frage dich, ob du als Kugel eher hell oder dunkel, eher hoch oder tief, eher eng komprimiert oder weit ausgebreitet bist und ob diese Energie als Kugel eher energiespendend oder energieraubend ist.

Versuche dann, als Kugel, immer etwas mehr nach oben zu schweben, immer heller, weiter und energiegeladener zu werden. Du kannst dabei deine Augen schließen, wenn es dir hilft. Du darfst als Kugel so weit aufsteigen, wie du kannst, du kannst über den Himmel hinausfliegen oder zerplatzen, du kannst weiter als das All werden und leichter als eine Feder. Wenn du nun anfängst, Drehbücher zu machen, bist du in der Energie, die deine Worte in Materie verwandelt.

Verfalle bei deinen Drehbüchern auch nicht in Notwendigkeiten. Wenn du dringend Geld brauchst, wird es dir schwer fallen, in eine gute Energie dazu zu kommen. Das kannst du mir glauben, ich spreche aus Erfahrung. Dann ist es besser, wenn du versuchst, dich nicht damit zu beschäftigen, dich abzulenken und etwas zu machen, was dir Freude bereitet oder zumindest vom Thema Geld ablenkt.

In den Ella Kensington Camps[102] traf ich eine Frau, die arbeitslos war und sich eine neue Beschäftigung wünschte, so-

---

102 Ella Kensington war viele Jahre lang das Pseudonym von Bodo Deletz. Inzwischen publiziert er unter seinem echten Namen. In den Camps lernten wir alles über das Glück, und dort fand auch ein Teil der Glückstrainer-

wie einen jungen Mann, der unbedingt eine Partnerin finden wollte. Beide hatten Angst, dass, wenn sie sich zu sehr auf die Seminarinhalte und die einhundertachtzig anderen Menschen im Camp einlassen würden, sie ihr Problem aus den Augen verlieren und so nie ihr Ziel erreichen würden.

Sie gingen unabhängig voneinander mit diesem Dilemma zu Bodo. Bodo riet beiden in etwa Folgendes: »Ich verspreche euch, dass es positiv für euch ist, wenn ihr in diesen vierzehn Tagen eure Probleme vergesst. Mischt euch unter die Leute, habt Spaß und tut, was auch immer ihr tun wollt. Wenn ihr in vierzehn Tagen wieder zu Hause seid, könnt ihr euch wieder um eure Probleme kümmern.«

Die Energien in den Camps waren immer sehr hoch. Hundertachtzig Menschen, die primär nur das Ziel hatten, mit dem Hier und Jetzt glücklich zu sein.

Der junge Mann und die Frau mischten sich also unter uns andere Teilnehmer und nahmen jede Party, jeden Ausflug, jeden Spaß am Meer und im Pool mit. Als das Camp schließlich zu Ende war, erhielt die Frau einen Anruf von einer ehemaligen Kollegin. Diese hatte einen neuen Arbeitgeber, der dringend eine weitere Angestellte benötigte. Sie telefonierte noch von Spanien aus mit ihm, und der Arbeitsvertrag wurde ins Camp gefaxt.

Der junge Mann lernte im Camp eine ältere Frau kennen, mit der er sich prima verstand. Nach dem Camp besuchte er die Frau und verliebte sich in ihre Tochter. Ein Jahr später heirateten sie.

Ausbildung statt. Ich habe zwischen 2004 und 2006 an Ausbildungen in sechs vierzehntägigen Camps in Spanien teilgenommen.

Nun kannst du dir nicht immer ein Camp mit hundertachtzig glücklichen Menschen erschaffen, doch weißt du sicher, was ich sagen möchte: Wenn es dir nicht gelingt, eine gute Energie zu erzeugen, lenke dich ab und versuche, nicht an dein Dilemma oder den Wunsch, der aus der Not heraus geboren ist, zu denken.

Leila Bust, die mit Björn Leimbach Seminare[103] zum Thema Liebe und Selbstliebe gibt, erzählte in einem ihrer Workshops: »Als ich anfing, mir Geld zu erschaffen, habe ich mich in Tausender-Schritten herangetastet. Erst wollte ich mit meinen Seminaren tausend Euro im Monat verdienen. Als dies geschafft war, peilte ich zweitausend an, danach dreitausend. Hätte ich sofort die großen Summen zum Ziel gehabt, hätte ich sie nicht erreicht, weil ich sie nicht von Anfang an glauben oder fühlen konnte.«

Fang erst mal einfach nur an, zu drehen. Gewöhne dich daran, laut zu sprechen, so als sei dein Wunsch bereits erfüllt. Fang dann nach und nach an, deine Wünsche auszuschmücken, damit du richtig ins Gefühl kommst. Vielleicht hast du auch Lust, etwas in die Listen am Ende des Buches einzutragen. Zu Beginn meiner Drehbücher fand ich es befremdlich, meine Wünsche laut auszusprechen.

Ich brauchte einige Zeit, um mich daran zu gewöhnen.

---

[103] vgl. Bust, Leila Astrid, 2012

Kapitel 10

Erst drehen, dann handeln

»Ich habe einen roten Mini mit weißem Dach. Wenn ich damit fahre, freue ich mich so sehr über die schönen runden Armaturen. Manchmal streiche ich während der Fahrt darüber und muss automatisch lächeln. Wenn ich aussteige, sehe ich, wie andere auf den Mini gucken und denken: *Ach, was für ein schönes Auto.* Manchmal nehme ich jemanden im Mini mit und bin sehr stolz. Ich mache schöne Ausflüge mit dem Auto, und jeden Morgen, wenn ich in den Mini steige, um zur Arbeit zu fahren, überkommt mich ein Glücksgefühl. Ach, ich bin beschenkt vom Leben.« Der Mini kam.

Ich hatte mir auch einen Partner gedreht. Ungefähr so: »Ich lebe in einer glücklich erfüllten Partnerschaft voller Harmonie. Wir machen schöne Ausflüge und Urlaube, lachen viel gemeinsam, kuscheln gerne miteinander, haben auch genügend Freiheit voneinander, und wir kommen ganz allmählich zusammen, nach und nach lernen wir uns besser kennen und lieben einander immer mehr.«

Der Mann kam. Wir waren drei Jahre zusammen. In meinen Drehbüchern hatte ich leider einiges vergessen, was für mich bis dato normal war, und ich hatte nicht daran gedacht, dies extra drehen zu müssen. Das schmücke ich an dieser Stelle nicht weiter aus, einfach, weil er das nicht verdient hat. Denn alles Schöne, was ich gedreht hatte, hatte er zu bieten. Die Beziehung lief gut. Er war mir ein wunderbarer Partner, und ich denke, dass ich auch eine prima Freundin für ihn war. Alles lief so lange gut, wie ich meinen Freundinnen die guten Eigenschaften von ihm erzählte. Dann jedoch veränderte sich sie Situation. Er fing an, sich bei mir über alles Mögliche zu beschweren, und ich beschwerte mich daraufhin bei meinen Freundinnen über ihn.

Unsere Beschwerden waren natürlich auch Drehbücher, alles, was wir sagen, ist ein Drehbuch. Und so wurde es schlimmer und schlimmer und schlimmer.

Genau genommen erschaffst du nicht mit deinen Worten deine Realität. Die Worte sind nur die Transportmittel für die Gefühle. Mit unseren Gefühlen und den anderen Wahrnehmungsfiltern, Glaubenssätzen, Konditionierungen und Kollektivenergien erschaffen wir unsere Realität.

Als ich vor ein paar Tagen Dorit besuchte, erwähnte ich kurz, dass meine Nachbarn doof sind, denn als ich einmal Blumen gegossen hatte, war etwas Wasser auf ihre Gartenmöbel gespritzt, die sogar noch im Regenschutz eingehüllt waren. Sie beschwerten sich bei mir, und ich fand sie sofort doof. Das ist nun über ein Jahr her. Heute goss ich erneut die Blumen, das Wasser prallte am Blumenkasten ab wie tausend kleine Billardkugeln und spritzte auf den Möbel-Regenschutz meiner Nachbarn, worauf sie sich lauthals bei mir beschwerten.

Wir drehen immer. Ob wir wollen oder nicht. Bevor ich mir den eben beschriebenen Mann drehte, hatte ich mir Jahre zuvor schon mal zwei Männer bestellt, also erst den einen und Jahre später dann den anderen.

Bei den Bestellungen musste man nur aufschreiben, wie der Mann sein soll, die Bestellung beim Universum aufgeben und den Zettel dann vergessen.[104]

Der erste Mann sollte Rohkostler sein, auf dem Schloss Montramé in Frankreich gelebt haben (ich war zu der Zeit Rohkostlerin, und auf dem Schloss war ein exklusiver Rohkostversand, Orkos),[105] er sollte Gitarre spielen können und jünger als ich sein. Außerdem sollte er einfach so in mein Leben kommen, ich wollte nichts dafür tun.

Der Mann kam. Alles war genau so, wie ich es bestellt hatte. Ich hatte nur auf der Liste die ganz »normalen« Sachen vergessen. Ich hatte nicht darüber nachgedacht, dass der Mann in irgendeiner Form geerdet sein sollte.

Der Mann schwebte gedanklich in irgendwelchen Sphären, war einfach nicht von dieser Welt, über jede kleinste Aktivität musste er nachdenken oder das Orakel I Ging[106] werfen. Morgens ging er nicht einfach ins Bad, um zu duschen, sondern überlegte eine Weile, ob er heute duschen solle, fand keine Lösung, warf ein I Ging, deutete das Orakel und entschied dann, ob er duschte oder nicht. Jeden einzelnen Tag.

Bei der zweiten Bestellung erwähnte ich natürlich, dass er geerdet sein sollte. Er sollte älter sein als ich, spirituell offen,

---

104 vgl. Mohr, Bärbel, 1999

105 vgl. Orkos

106 vgl. Wilhelm, Richard

kein Problem mit Geld haben, dunkle Locken haben, Katzen mögen, größer als ich und verständnisvoll sein.

Auch dieser Mann wurde prompt geliefert. Leider hatte ich in der Bestellung vergessen, dass er frei sein sollte. Der gelieferte Mann hatte Frau und Kind.

Weil wir nie an alles denken, wenn wir uns einen Partner bestellen oder drehen, bin ich inzwischen dazu übergegangen, die Gefühle zu beschreiben, die ich mit diesem Mann haben möchte und dem Universum oder Gott, der Matrix, wie auch immer du es nennen möchtest, zu überlassen, mir den Richtigen zu schicken.

Dennoch möchte ich nicht behaupten, dass diese Männer die Falschen waren. Jeder war richtig für den jeweiligen Moment und für meine Entwicklung.

Im Moment habe ich keine Lust auf einen neuen Partner, deshalb drehe ich nicht, weil ich weiß, dass die Drehbücher sich manchmal über Nacht verwirklichen können. Käme morgen der nächste Richtige in mein Leben, würde ich denken: »Ach herrje, ich habe noch keine Zeit für dich.«

Als ich noch in Dortmund im Schuldienst war und mein zweites Referendariat in Neuss noch nicht begonnen hatte, hatte ich nach den Weihnachtsferien keine große Lust, wieder zur Schule zu gehen. Ich sagte zu meinem Freund: »Ach, kann nicht einfach die Heizung der Schule kaputt sein und kann es nicht für einen einzigen Tag kältefrei geben? Ich brauche noch einen Tag, dann gehe ich gerne wieder zur Schule.«

Am ersten Schultag nach den Weihnachtsferien erhielt ich morgens um 7 Uhr eine WhatsApp-Nachricht von der Konrektorin; ich sollte zu Hause bleiben, weil die Heizungsanlage defekt sei. Zur Reparatur würde ein Ersatzteil benötigt, das erst am Nachmittag eingebaut werden könne. Für Unterricht sei es zu kalt, und deshalb würde er für heute ausfallen.

Ich erzählte meinem Freund, dass ich ein E-Bike haben möchte, und er sagte, dass er eine neue Jacke braucht. Innerhalb einer Woche wurde mir mein normales Fahrrad gestohlen, und der Reißverschluss seiner Jacke ging kaputt. Wenn wir uns etwas wünschen, müssen wir dennoch das, was wir haben, wertschätzen. Was man behalten möchte, muss man wertschätzen. »Ich liebe diese Jacke, ich trage sie wirklich gerne. Ich habe aber auch noch eine andere Jacke. Sie ist grün, hat pinkfarbene Reißverschlüsse und hält mich im Winter pudelwarm.« »Ich liebe mein Fahrrad. Die Ausflüge und Fahrten zum Einkaufen damit machen mir richtig Spaß. Jetzt habe ich noch ein zusätzliches Rad, ein E-Bike. Zum Einkaufen nehme ich das normale, für lange bergige Touren das E-Bike. Ich fühle mich richtig reich mit diesen beiden Rädern.«

Wenn ich mich dann bereit für einen neuen Mann fühle, werde ich ungefähr so drehen: »Ich lebe in einer neuen Partnerschaft mit einem Mann. Wir sind sehr glücklich miteinander, sind uns freiwillig treu, reden offen über unsere Wünsche und Gefühle, haben viel Freude miteinander und lachen viel. Wir kuscheln häufig miteinander und fühlen uns beim anderen geborgen und angekommen. Es ist sehr harmonisch, und wir haben eine sehr erfüllende, wunderschöne Sexualität miteinander. Wir haben einen ähnlichen Humor, und er ist spirituell interessiert. Dennoch stehen wir beide mit beiden Beinen fest im Leben. Er hat eine gesunde Lebensweise. Wir machen wunderschöne Freizeit und Urlaube, sind aber auch zu Hause sehr zufrieden. Unsere gemeinsame Zeit ist kurzweilig, und wir inspirieren uns gegenseitig. Wir sind sehr glücklich miteinander, lieben uns und sind verliebt ineinander. Die Beziehung und der Mann sind noch viel besser als gedreht. Danke Danke. Ich bin so glücklich. Egal, was oder wie ich es drehe, der Mann ist auf allen Ebenen passend und die größtmögliche Bereicherung für mich.«

Das schreibe ich mir nicht auf, und ich lese es auch nicht ab. Es kommt aus mir heraus. Beim Drehen merke ich manchmal, dass sich bestimmte Dinge, die ich mir mit dem Verstand ausgedacht habe, nicht richtig anfühlen. In dem Moment, wenn ich es laut ausspreche, fühlt es sich nicht mehr richtig an. Dann ändere ich das Drehbuch wieder, bis ich mich auf eine Version eingroove, die sich für mich absolut passend anfühlt. Je stimmiger das Drehbuch ist, desto höher wird auch meine Energie dazu. Und dann dauert es meist nicht mehr lange, bis es sich erfüllt.

»Fangen Sie niemals ein neues Projekt, ein Abenteuer, eine Unternehmung, Aktivität, Beziehung oder was auch immer an, bevor Sie nicht ein neues Drehbuch dazu geschrieben und es über einen längeren Zeitraum hinweg mit inspirierter Energie aufgeladen haben.«[107]

---

[107] vgl. Grabhorn, Lynn, 2004

Kapitel 11

Begeisterung

Wenn du in einer bestehenden Partnerschaft bist und deinen Partner gerne ändern würdest, mache dir klar, dass dein Partner dir, wie die Matrix, immer nur dein Innen spiegeln kann.

> »Ich tue immer nur das, was du von mir behauptest. Ich bin deine Geschichte von mir.«
>
> *Byron Katie*[108]

»Es geht auch nicht darum, welche Energie unser Partner ausstrahlt. Wie bei allem, was wir erleben, hängt auch hier alles von den Gefühlen, Schwingungen und Energien ab, die wir selbst ausstrahlen. […] Wenn Sie die Bedingungen in Ihrer Partnerschaft verändern wollen, müssen Sie Ihre Schwingungen verändern.«[109]

---

[108] vgl. Katie, Byron, 2002

[109] vgl. Grabhorn, Lynn, 2004

Oft sind wir der Meinung, dass unser Partner schuld an unserem Unglück sei. Wenn er doch nur diese oder jene Verhaltensweise ändern würde, dann, ja, dann könnten wir glücklich sein. Aber wessen Angelegenheit ist es, wie er sich verhält? Eben! Seine. Wenn wir glücklich sein wollen, dürfen wir unser Glück nicht von etwas oder jemandem abhängig machen, denn dann ist unser Glück wie eine Zimmerpflanze, die draußen in der Natur beim ersten Wind krepieren würde. Wir wollen aber, dass unser Glück stark wie ein Baum ist. Und das geht nicht, wenn wir co-abhängig sind oder unser Glück an bestimmte Bedingungen knüpfen. Wir wollen aus uns selbst heraus glücklich sein.

Der schöne Nebeneffekt vom Glücklichsein ist übrigens, dass uns dann alles andere auch zufließt.

»Wir suchen im Grund tagtäglich die Schuld im Außen – beim Wetter, bei unverschämten Autofahrern, bei offenen Zahnpastatuben; von morgens bis abends beschuldigen wir alle und alles und merken es nicht einmal. Natürlich haben wir oft Recht mit unseren Anschuldigungen, aber was bringt's? Nicht ein Quäntchen Wohlgefühl kann durch die niedrige, zähe Schwingung der Schuldzuweisung zu uns durchdringen – ob gerechtfertigt oder nicht. [...] Wenn Sie diesen negativen Energiefluss dann auch noch auf jemanden richten, der sich sowieso schon gemein, blöd oder beleidigt verhalten hat, verstärkt das nur noch die Situation, die Sie gern ganz anders erleben würden.«[110]

»Viele Menschen glauben, sie hätten ein Beziehungsproblem. Oft leiden sie unter enormen Stress deswegen. Doch

---

110 vgl. ebd.

alles, woraus ein Beziehungsproblem bestehen kann, basiert auf unseren Überzeugungen und Glaubenssätzen. Deshalb ist es selten aussichtsreich, vom Partner oder der Partnerin die erlösende Änderung zu erwarten.«[111]

»Wie Sie in Ihrer Beziehung glücklich sein können, lässt sich auf mehrere Arten zusammenfassen: [...] Das, wonach Sie suchen, können Sie niemals von außen bekommen. Seien Sie gewiss, dass keines der vermeintlichen Probleme in Ihrer Partnerschaft mit Ihrem Partner zu tun hat. Es sind Ihre Gedanken, die Ihr Problem verursachen. Die Lösung liegt allein bei Ihnen. [...] Es gibt keine Fehler an der Person, mit der Sie zusammen sind, er oder sie ist der perfekte Lehrer für Sie, ob die Beziehung nun funktioniert oder nicht. [...] Es gibt niemals einen Fehler im Universum. Wenn Ihr Partner also wütend ist, gut so. Wenn es Dinge an ihm gibt, die Sie als Makel wahrnehmen, gut, denn diese Makel sind Ihre eigenen. Sie projizieren sie auf Ihren Partner [...]. Ihr Partner ist Ihr Spiegel. Er ist der, für den Sie ihn halten, und kann niemals mehr oder weniger sein als das. Sie sollten sich nicht über ihn ärgern. Sie können sich über die Geschichte ärgern, die Sie sich über ihn erzählen. Die romantische Liebe ist eine Geschichte, die uns erzählt, dass wir einen anderen Menschen brauchen, um vollständig zu sein. Diese Geschichte ist vollkommen verrückt. In Wirklichkeit brauchen Sie niemanden, um vollständig zu sein. [...] Für eine glückliche Ehe braucht man keine zwei Menschen; es reicht schon einer. [...] Ein Problem mit meinem Partner habe ich zuallererst mit mir selbst.«[112]

---

[111] vgl. Giesen, Ralf, 2015

[112] vgl. Katie, Byron, 2015

Wenn du also deine Partnerschaft verbessern möchtest, verbessere zuallererst dein eigenes Glück. Mache dir die schönsten Drehbücher, schwinge hoch, sei in Begeisterung. Du kannst die positiven Eigenschaften, die dein Partner tatsächlich bereits hat, drehen und in den Drehbüchern loben. Wichtig ist, dass du deine Energie dazu hoch hältst.

Der Diplom-Psychologe und Paartherapeut Christian Hemschemeier drückt es in einem seiner Lehrvideos ungefähr so aus: »Mache zuerst dein eigenen Leben geil und dann erst finde einen neuen Partner.«[113]

Lynn Grabhorn hatte am Rande ihres Gartens ein kleines Häuschen an ein junges Paar vermietet. Sie zahlten Miete, die Stromkosten wurden jedoch von Lynn gezahlt. Lynn bemerkte, dass das Außenlicht dieses kleinen Hauses Tag und Nacht brannte. Sie ärgerte sich über viele, viele Monate darüber und konnte das Pärchen immer weniger leiden. Irgendwann dämmerte es ihr. Das Pärchen konnte ihr nur zeigen, was sie über die beiden dachte und redete. Lynn fing an zu suchen, nach irgendetwas, was sie an diesem Pärchen gut finden konnte, und übernahm dies in ihre Drehbücher. Anfänglich fiel es ihr schwer, über die Leute, über die sich so aufregte, gute Worte zu verlieren. Dennoch blieb sie dran. Ihre Drehbücher zu diesem Pärchen wurden immer fließender und ihre Energien höher. Irgendwann war sie so richtig im Fluss damit. Und dann, eines abends, schaute sie zu dem Häuschen hinüber und bemerkte, dass das Außenlicht nicht mehr brannte. Es blieb aus.

Vor ein paar Jahren lebte ich in einem Mehrfamilienhaus, in dem auch eine Frau lebte, die ich Hexe nannte. Ich konnte

---

[113] vgl. Hemschemeier, Dipl.-Psych. Christian

sie überhaupt nicht leiden. Sie durchsuchte immer alle Mülltonnen, und wenn sie etwas fand, was nicht in der richtigen Tonne entsorgt war, hängte sie einen Zettel mit Ermahnungen in den Hausflur. Sie hatte an allem und jedem etwas auszusetzen, und ich ging ihr bestmöglich aus dem Weg. Wenn ich sie dennoch im Treppenhaus oder auf der Straße traf, beschuldigte sie mich immer für irgendetwas. Entweder war ich einer der Kandidaten, die für die falsche Müllentsorgung in Frage kamen, oder ein Ast in meinem Garten wuchs ein paar Zentimeter weiter über den Zaun, als es erlaubt war, oder ich hatte ein falsches Schloss vor meine Kellertür gehängt. Immer hatte sie irgendetwas zu meckern oder zu beschimpfen.

Eine echte Hexe halt.

Inspiriert von Lynn Grabhorn machte ich das Hexen-Experiment. Ich fing an, irgendetwas zu suchen, was ich gut an ihr finden könnte. Sehr lange fiel mir überhaupt nichts dazu ein. Absolut nichts. Dann dachte ich, dass ich gut finde, dass sie sich um einige Hausangelegenheiten kümmert, zu denen sonst keiner Lust hatte. Danach erinnerte ich mich, dass ich mal mitbekam, wie sie nett zu einem Kind auf der Straße gesprochen hatte. Später fiel mir noch ein, dass sie ein kreativer Mensch ist, der gerne fotografiert.

Mir fiel also immer mehr ein, ich drehte fleißig weiter und meine Energien wurden immer besser.

Einige Monate später traf ich sie im Hausflur, und sie vertraute mir an, dass ihr Koffer von ihrer kürzlich unternommenen Reise verloren gegangen und noch immer nicht angekommen sei, dass sie diesen jedoch am nächsten Tag benötige. Ich hörte mir ihre Sorgen an, ohne sie zu kommentieren. Danach wünschte ich ihr noch einen schönen Abend.

Zwei Tage später klingelte es an meiner Wohnungstür. Die Hexe stand dort, bedankte sich, dass ich ihr so gut zugehört hatte und fragte, ob wir uns mal auf einen Kaffee treffen könnten.

Mir fiel fast die Klinke aus der Hand. Wie bitte? Die Hexe wollte mit mir einen Kaffee trinken? So weit war ich noch nicht. Irgendwas in mir wollte noch, dass sie die Hexe blieb. Zum Kaffeetrinken ist es nicht mehr gekommen. Ich hatte zu diesem Zeitpunkt meine Wohnung bereits gekündigt, weil ich für mein zweites Referendariat überraschend kurzfristig in eine andere Stadt ziehen musste.

Dorits Stromanbieter hatte mit einer anderen Gesellschaft fusioniert. Als die neue Jahresabrechnung kam, stellte sie fest, dass sie einige hundert Euro zu viel gezahlt hatte. Sie rief bei der Gesellschaft an, schilderte ihr Anliegen und wurde vertröstet, dass man gerade so viel zu tun habe wegen der Fusionierung, dass man ihr im Moment nicht weiterhelfen könne.

Dorit rief immer und immer wieder dort an. Jedes Mal erfolglos. Sie regte sich auf, über die Gesellschaft, die Fusion, die Mitarbeiter, kurz: das volle Programm. Weil sich einfach nichts tat, wollte sie am folgenden Montag einen Anwalt einschalten und vereinbarte mit diesem auch – wie beabsichtigt – einen Termin. Zusätzlich nahm sie Kontakt zu einer Schlichtungsstelle auf.

Am Donnerstag vor dem Anwaltstermin besann sie sich und lobte die Mitarbeiter der Gesellschaft. Sie sagte: »Ach, das sind tolle Mitarbeiter, die tun alles, damit ich mein Geld zurückbekomme.« Am Freitag holte sie bei der Bank ihre Kontoauszüge ab. Die Gesellschaft hatte ihr das Geld erstattet. Nach einem halben Jahr.

Es ist natürlich auch möglich, dass dein Partner sich entscheidet zu gehen, wenn er dir plötzlich nicht mehr spiegeln kann, was du bisher mit deiner Energie erschaffen hast, aber dann weißt du ja, wie du einen tollen neuen Mann oder eine tolle neue Frau in dein Leben drehst.

Mein letzter Partner ging, als ich anfing, mich bei meinen Freundinnen über ihn zu beschweren. Erschaffen hatte ich ihn mit Drehbüchern. Es waren nicht mehr die Drehbücher, in denen der Mann bestimmte Eigenschaften haben sollte, ich drehte, wie ich mich mit ihm fühle, ich konnte regelrecht fühlen, wie es sich anfühlen würde, wenn wir abends aneinanderliegen oder uns in die Augen schauen würden. Genau so war dann diese Partnerschaft auch. Zu Beginn dieser Beziehung erzählte ich meinen Freundinnen, wie glücklich ich mit ihm war und dass alles noch besser als gedreht sei. Irgendwann hörte ich auf, ihn wertzuschätzen.

Mir fielen immer mehr Eigenheiten auf, die mich störten. Bei meinen Freundinnen beschwerte ich mich über ihn und sein Verhalten. Ja, und dann, nach drei Jahren ging er. Ohne Ankündigung, von jetzt auf gleich.

Natürlich waren all meine Lästereien Drehbücher, und natürlich möchte niemand der Partner von jemandem sein, der sich auf die eigenen Mängel konzentriert. Wir alle wollen einen Partner, der uns toll findet und dessen Energien hell sind und immer weit zu uns reichen.

»Wenn wir uns also auf die kleinen Marotten unseres Partners oder eines anderen Menschen, mit dem wir in irgendeiner Beziehung stehen, fixieren und sie als störend empfinden (was letztlich ein Nicht-haben-Wollen ist), bringt uns das nicht weiter. Es führt nur dazu, dass diese beknackten Ticks, die wir so gerne ausschalten würden, immer weiter bestehen bleiben, weil wir sie durch unsere Schwingungen förmlich festhalten.«[114]

Daher mein Tipp: Für eine positive Realitätsgestaltung ist es wertvoll, unsere Aufmerksamkeit auf das zu lenken, was schon positiv ist. »Sei dankbar für das, was du hast, und du bekommst immer mehr davon.«[115]

Wenn wir uns beschweren, machen wir es uns schwer. Wie kannst du erwarten, dass das Leben leichter wird, wenn du dich jeden Tag beschwerst? Wenn du dich beschwerst, teilst du ein in Opfer und Täter. Du machst damit dich zum Opfer und den anderen zum Täter. Sich beschweren macht schwer. Wir wollen aber helle und leichte Energien, damit sich unsere Drehbücher in Begeisterung manifestieren können.

Sich beschweren steht dafür, etwas zu beanstanden. Wir fühlen uns als Opfer und werden durch unsere Beschwerde auch selbst zum Täter. Wir legen etwas Schweres auf jemand anderen und machen uns selbst schwer. Wenn wir körperliche Beschwerden oder einen schweren Körper haben, könnten wir mal darüber nachdenken, ob wir uns nicht womöglich häufig über etwas oder jemanden beschweren.

Achte auch auf Sätze wie: »Das geht mir so auf den Sack« oder »Boah, geht mir das auf die Eier«.

In einem Buch, das ich nicht mehr zuordnen kann, las ich von einem jungen Mann, der diese Sprachangewohnheit besaß und dem tatsächlich ein bereits verdickter und entzündeter Hoden diagnostiziert wurde. Wenn uns etwas *auf den*

---

114 vgl. Grabhorn, Lynn, 2004

115 vgl. Deletz, Bodo, 2015-2018

Geist geht, verlieren wir unsere Be*geist*erung und können Kopfschmerzen erschaffen.

Viele Menschen haben sich antrainiert, nichts und niemanden mehr zu beurteilen. Dies führt zu einer emotionalen Gleich-Gültigkeit.[116] Bei völliger emotionaler Gleich-Gültigkeit können wir auch nichts Positives mehr fühlen, alle Gefühle sind neutral. Wenn wir jedoch keine guten Gefühle mehr spüren können, können wir Depressionen entwickeln. Ein Merkmal von Depressionen ist das Fehlen von guten Gefühlen. Es ist zwar schön, keine oder wenig schlechte Gefühle zu haben, aber wenn uns die positiven ebenso fehlen, können wir krank werden und erschaffen mit Sicherheit keine schönen Umstände. Deshalb trainieren wir Begeisterung beim Drehen. Begeisterung fühlen wir dann noch einmal, wenn die Drehbücher Wirklichkeit werden.

Wenn wir etwas nicht aussprechen, ver*sagen* wir. Wir werden zum Opfer durch das nicht sagen. Fangen wir an zu sprechen, zu sagen, und zwar in heller Energie, verlassen wir die Opferrolle und werden wieder zum Täter, der sein Leben anpackt und sich schöne Ereignisse erschafft.

In vielen Familien wird die gegenseitige Wertschätzung komplett vernachlässigt. Es scheint das Motto zu gelten: nicht geschimpft ist gelobt genug. Wir können da unseren Eltern keinen echten Vorwurf machen, sie haben es nicht besser gelernt und erfahren.

Wir sind die, die es nun besser machen können. Auszusprechen, was wir am anderen mögen, hält unsere Liebe und unsere Beziehungen zusammen.

---

116 vgl. Deletz, Bodo, 2016

Achte doch auch bei den Sätzen, mit denen du dich an andere wendest, auf die Feinheiten. Wenn du sagst: »Das hast du *aber* schön gemacht«, nimmst du dem anderen etwas weg. Zwar ist dies ein automatisiertes Sprachmuster,[117] und dennoch zerstört es die Aussage. Die Kommunikationstrainerin Mechtild von Scheurl-Defernsdorf nennt dieses Sprachmuster liebevoll den Abergeist.[118]

Wenn du sagst: »Ich glaube, das ist ganz gut«,[119] sagen wir damit, dass wir die Leistung des anderen nicht hundertprozentig anerkennen, denn glauben ist nicht wissen und *ganz* ist ein Abtönungspartikel. Lasst uns vollständig anerkennen, was ein anderer gemacht hat. Lasst uns angewöhnen zu sagen: »Was du gemacht hast, ist gut.«

Sehr verbreitet ist auch die Ausdrucksweise *nicht schlecht.* Nicht gerade prickelnd, oder? Doppelte Verneinungen motivieren uns nicht. Wenn uns hingegen jemand sagt: »Das hast du gut gemacht«, sind wir bestrebt, noch mehr von dem zu tun, was für gut befunden wurde.

Lasst uns auch nicht in halben Sätzen sprechen. *Nacht, Tag.* Wir wissen zwar, was gemeint ist, aber lasst uns doch Zeit nehmen für den anderen. Auch dies ist eine Form der Wertschätzung. Gute Nacht. Guten Tag.

---

[117] Dieses Beisiel habe ich aus einem anderen Buch übernommen. Ich kann allerdings nicht mehr genau nachvollziehen, aus welchem. Sollte dies jemand wissen, kann er sich gerne bei mir melden, so dass wir es in der nächsten Auflage ergänzen können.

[118] vgl. von Scheurl-Defernsdorf; von Stockert, 2020

[119] Dieses Beisiel habe ich aus einem anderen Buch übernommen. Ich kann allerdings nicht mehr genau nachvollziehen, aus welchem. Sollte dies jemand wissen, kann er sich gerne bei mir melden, so dass wir es in der nächsten Auflage ergänzen können.

Auch Abkürzungen wie IHDGDL für jemanden lieb haben oder MFG sind nicht wirklich ein Ausdruck von Wertschätzung. Nimm dir Zeit für deine Mitmenschen. Ich habe dich ganz doll lieb. Mit freundlichen Grüßen.

»Haben Sie sich noch nie gewundert, wieso ein Tornado ein Haus völlig verwüstet, das andere direkt daneben aber unverändert bleibt? Jetzt wissen Sie, warum!«[120]

Es gab eine Zeit, in der ich fast jeden Tag mit Dorit telefonierte und Drehbücher machte. In dieser Zeit schwangen wir mit unseren Energien so hoch, dass die Ereignisse, die wir uns jeden Abend berichteten, immer wundervoller wurden. Wir kamen aus der guten Energie gar nicht mehr heraus.

Als wir mit den Drehbüchern anfingen, waren wir immer nur für die Zeit des Drehens glücklich. Später waren wir noch ein, zwei Stunden nach den Drehbüchern glücklich. Zu dieser Zeit jedoch waren wir nach dem Drehen immer noch am Folgetag glücklich. Und weil wir täglich nachdrehten, hörten die tollen Gefühle und damit auch die tollen Ereignisse gar nicht mehr auf. Unser ganzes Leben war verzaubert, alles gelang, die Drehbücher erfüllten sich und es geschah zusätzlich noch so viel Tolles, was wir gar nicht gedreht hatten, es entsprach lediglich unserer hohen Schwingung.

Während dieser Zeit wurde in der Nähe meiner Wohnung eine alte Fliegerbombe gefunden. Um diese zu entschärfen, mussten unzählige Häuser und Wohnungen evakuiert werden. Das Unangenehme war, dass dies an einem Sonntagmorgen ab 7 Uhr stattfinden sollte. Ich wohnte damals in einem Haus mit zwei Eingängen. Jeder Eingang hatte eine ei-

[120] vgl. Grabhorn, Lynn, 2004

gene Hausnummer. Wir lagen am Rand des zu evakuierenden Gebietes. Der Schnitt der zu evakuierenden und nicht mehr zu evakuierenden Häuser verlief genau durch unsere Straße. Und zwar genau durch unser Haus. Die Menschen mit der Hausnummer 33 mussten Sonntagfrüh ihre Wohnungen verlassen. Wir in der 35 durften in unseren Wohnungen bleiben. Ich durfte ausschlafen.

Eines von vielen vielen Wundern in dieser Zeit.

Drehbuch sei Dank!

Kapitel 12

Auf der Suche nach den verlorenen Wünschen

Mein zweites Referendariat musste ich aufgrund meiner Vorerfahrung verkürzen. Ich sollte aber genau so viele Unterrichtsbesuche zeigen und Unterrichtsentwürfe schreiben wie alle anderen. Zunächst regte ich mich sehr darüber auf. Ich war ein ganzes Jahr lang im Dauerstress und fühlte mich ungerecht behandelt. Dann fiel mir ein, dass es ja noch die Drehbücher gibt. Ich hatte sie aufgrund des anstrengenden Alltags komplett vergessen, und mein Leben sah in allen Lebensbereichen entsprechend bescheiden aus.

Ich rief Dorit an und fing sofort an zu drehen: »Ich habe in jedem Unterrichtsfach einen Unterrichtsbesuch und einen Unterrichtsenwurf weniger, als ich eigentlich zeigen und vorlegen muss. Ich weiß nicht, wie das gehen soll, aber ich erhalte die Nachricht, dass mir zwei Besuche und Entwürfe erlassen werden. Ich muss sowohl in Deutsch als auch in Religion nur vier Besuche und Entwürfe zeigen und vorlegen. Ich habe jetzt viel mehr Zeit, um meine Abschlussprüfung vorzubereiten. Danke. Danke. Danke.«

Ich schmückte das Drehbuch noch ein bisschen aus und redete mich nach und nach in Begeisterung. Meine Wahrnehmung und Erwartungshaltung waren vollends auf Erfüllung ausgerichtet.

Das war an einem Freitagabend. Ich bestellte mir eine Pizza und entschied, dass ich an diesem Abend keinen Unterrichtsbesuch oder -entwurf mehr vorbereiten wollte. Das war unüblich, denn normalerweise saß ich immer bis sehr spät an den Entwürfen.

Die Pizza wurde geliefert, ich machte es mir auf meinem Sofa gemütlich und schaute eine Folge von *Der letzte Bulle*, eine Serie, die mich bei jedem neuerlichen Sehen glücklich macht (auch wenn ich weiß, dass ich mich immer nur selbst glücklich machen kann).

Währenddessen klingelte mein Handy. Eine unbekannte Nummer erschien auf dem Display. Normalerweise gehe ich bei unbekannten Nummern nicht dran, schon gar nicht freitagabends. Irgendetwas bewog mich dennoch, dranzugehen. Es meldete sich meine Fachleiterin für Deutsch. Es täte ihr sehr leid, aber der Termin, den wir für meinen letzten Unterrichtsbesuch vereinbart hätten, sei nicht rechtsgültig, weil er zu nah an meinem Prüfungstermin läge. Einen früheren Termin konnte sie mir nicht anbieten. Somit würden sowohl der Unterrichtsbesuch als auch der Unterrichtsentwurf entfallen. Sie entschuldigte sich mehrfach dafür, dass ihr das zuvor nicht aufgefallen sei, und wünschte mir noch einen schönen Abend. – Den hatte ich. Und wie!

Am Mittwoch darauf bat mich meine Fachleiterin für evangelische Religion zu einem Gespräch. Sie wolle nicht in meine Planungen eingreifen, aber sie wäre der Meinung, dass der Zeitraum, den ich für den letzten Unterrichtsbesuch und -entwurf zur Verfügung hätte, doch wirklich knapp bemessen sei. Da ja ohnehin bald meine Abschlussprüfung anstünde, wollte sie mir anbieten, den letzten Besuch entfallen zu lassen. Man müsse dies jedoch mit der Kernseminarleiterin besprechen. Am nächsten Tag hatte ich ein Gespräch mit der Fachleiterin und der Kernseminarleiterin. Wir einigten uns auf den Vorschlag der Fachleiterin. So hatte ich durch ein einziges Drehbuch in hoher Energie zwei Unterrichtsentwürfe und zwei Unterrichtsbesuche weggedreht.

Als ich meinen Fokus und meine Ablehnung noch darauf hatte, dass die Besuche stattfinden sollten, manifestierte ich sie dadurch nur weiterhin. Mit meinem Fokus auf lediglich vier Besuchen pro Fach und der Zeit, die ich für meine Abschlussarbeiten hatte, verschwanden jeweils der fünfte Unterrichtsbesuch und -entwurf in beiden Fächern.

Wenn wir etwas erschaffen, drehen, dann erschaffen wir automatisch noch mehr von dem, was auf der gleichen Frequenz ist. »Nehmen wir mal an, Sie haben etwas an Ihrem Auto oder sind mit einem Partner zusammen, der Sie schier zum Wahnsinn treibt. Nehmen wir weiterhin an, dass Sie ständig an all das denken, was Sie nicht wollen. Jedes Mal, wenn Sie wieder daran denken […] – mit einer Prise intensiver Gefühle –, wird das Ganze nicht nur noch größer und mächtiger, es fällt Ihnen auch immer leichter, daran zu denken. Oje!«[121]

---

[121] vgl. ebd.

Wir befinden uns in einem Teufelskreis. Wenn wir ursprünglich vielleicht nur daran denken, nicht das nötige Geld zu haben, um neue Gartenmöbel zu kaufen, erschaffen wir mit dieser Energie womöglich jetzt auch noch eine Grippe oder, wenn wir uns weiter in diesen Energien suhlen, womöglich sogar eine Kündigung.[122]

»Ist Ihnen noch nicht aufgefallen, dass meistens alles andere auch nicht klappt, wenn erst einmal eine Sache schief läuft? Das liegt nur daran, dass die Schwingungen, die Sie ausstrahlen, alle möglichen anderen Dinge suchen, die die gleiche Wellenlänge haben. Wenn Ihre Gedanken ständig um ein bestimmtes Thema kreisen, entsteht eine Gedankenspirale, die immer größere Ausmaße annimmt, da sie Gott weiß was alles in Ihr magnetisches Zentrum zieht, was dann wieder auf Sie zurückfällt.«[123]

Sobald wir merken, dass irgendetwas Kleines geschieht, was uns nicht gefällt, ein defekter Kühlschrank, eine unerwartete Rechnung, ein Schnupfen, was auch immer, sollten wir uns bildlich eine Alarmglocke vorstellen. Eine Alarmglocke, die uns darauf hinweist, dass wir nicht hoch genug schwingen. Lasst uns sofort neue Drehbücher machen, lasst uns hoch schwingen. Denn der defekte Kühlschrank war sonst vielleicht nur der Anfang.

Das Wort Ereignis ist zurückzuführen auf das Wort *eigen*. Das Eigene ist innen, das Ereignis außen. Es ereignet sich das, was mir eigen ist – was mir eigentümlich ist, ganz und gar meins. Oder ein anderes Beispiel: Das Wort Erfolg steht

---

[122] vgl. ebd.
[123] vgl. ebd.

in Zusammenhang mit *folgen*. »Erfolg ist das, was folgt, wenn ich die entsprechenden Ursachen dafür setze.«[124]

> »Du schreibst vielleicht nicht jeden Tag gut, aber du kannst eine schlechte Seite bearbeiten. Eine leere Seite kann man nicht bearbeiten.«
>
> *Jodi Picoult*[125]

Eine Bekannte drehte sich einen neuen Partner. Sie machte Drehbücher zu der wunderschönen Verliebtheit am Anfang und dem traumhaften Kennenlernen. Der Mann kam. Kaum war jedoch die Anfangszeit der Beziehung beendet, verschwand er auch wieder. Eine dauerhafte Partnerschaft hatte sie nie gedreht.

> »Achte darauf, dass dein Drehbuch wasserdicht ist. Wenn es nicht auf der Seite steht, wird es niemals magisch auf dem Bildschirm erscheinen.«
>
> *Richard E. Grant*[126]

Ein Mann war sehr in eine Frau namens Alexandra verliebt. In seinen Drehbüchern nannte er sie liebevoll Alex. Er drehte immer wieder, wie schön seine Beziehung mit Alex sei. Eines Tages fasste er all seinen Mut zusammen und schrieb ihr einen langen Brief, in dem er ihr seine Liebe gestand. Die junge Frau ließ ihn über eine Bekannte wissen, dass sie keinerlei Interesse an ihm habe. Der Mann war zutiefst getroffen und zog sich für ein paar Wochen vom gesellschaftlichen Leben

---

[124] vgl. Tepperwein, Kurt, 2003

[125] vgl. so.create.it

[126] vgl. ebd.

zurück. Irgendwann begann er damit, in ein Fitnessstudio zu gehen, weil er sein eigenes Leid selbst nicht mehr ertragen und sich ablenken wollte.

In diesem Studio freundete er sich mit einem anderen Mann an. Alexander, genannt Alex. Es dauerte ein Weilchen, aber dann gestanden sie sich ihre Liebe und trauten sich, ihre Freundschaft auf eine Paarebene zu heben.

Sie sind sehr glücklich miteinander. Genau so, wie in den Drehbüchern des Mannes. Er lebt nun eine glücklich erfüllte Partnerschaft mit Alex.

Die Wortwahl ist auch bei Drehbüchern für einen Lebenspartner bedeutsam. Eine Bekannte drehte sich einen aufregenden Mann. Das war er dann auch. Er regte sie auf.

Wir sollten also niemals vergessen: »Unsere Schöpferkraft liegt in unseren Gefühlen, nicht in unseren Gedanken. Wir verwirklichen unsere Wünsche dadurch, dass wir sie mit starken Gefühlen aufladen [...]. Wenn du es nicht spüren kannst, dass alles gut geht, passiert es auch nicht.«[127]

Während meiner Selbständigkeit war ich des Öfteren in Existenzkrisen. Wenn Rechnungen fällig waren und ich das nötige Geld nicht hatte, konzentrierte ich mich hauptsächlich darauf, das Geld nicht zu haben.

Dadurch wurden meine Energien immer schlechter und meine finanzielle Situation immer schlimmer.

Jedes Mal, wenn ich an dem Punkt war, dass ich nichts, aber auch gar nichts mehr zu verlieren hatte, kehrte eine innere Ruhe ein. Aus dieser Ruhe heraus fing ich wieder ganz klein an zu drehen, bis der Laden wieder lief, das Konto wie-

---

[127] vgl. Grabhorn, Lynn, 2004

der voll und alle Verbindlichkeiten abgelöst waren. Bis ich wieder anfing, mir Sorgen zu machen.

Sorgen sind ziemlich schlechte Drehbücher, sie erschaffen das, worum man sich sorgt. Und so begann das Spiel immer wieder von vorne. Ich sah mir permanent beim Scheitern und Meistern der Situationen zu. Es mutete wie eine Endlosschleife an, bis ich endlich, endlich, endlich begriff.

Vergiss die Sorgen, tue das, was nötig ist, beschäftige dich mit schönen Dingen, mache, wozu du Lust hast, sofern es niemandem schadet und legal ist, finde heraus, was du willst, und dreh dir das Leben so, wie es dir gefällt.

Ich sage nicht, dass dieser Weg einfach war. Ich behaupte auch nicht, keine Rückschläge erlebt zu haben, es geschah auch nicht über Nacht. Aber: Es funktionierte. Endlich, nach so vielen Jahrzehnten, wusste ich, was ich wirklich wollte und wie ich es erreichen konnte.

> »Gib nicht auf. Du wirst Schläge ins Gesicht bekommen. Viele. Lerne, einen Schlag auszuhalten und wieder aufzustehen. Widerstandsfähigkeit ist der wahre Schlüssel zum Erfolg.«
>
> *Melissa Rosenberg*[128]

Als ich noch ein Kind war, war mein sehnlichster Wunsch ein Klavier. Meine Eltern bauten gerade ein Haus, später bauten sie nochmal an, und ein Klavier war einfach nicht im Budget. Ich wollte auch sehr gerne zum Ballett, dieser Wunsch wurde mir ebensowenig erfüllt.

---

[128] vgl. so.create.it

Viele von uns haben schon als Kind gelernt, sich von seinen eigenen Wünschen abzuspalten. Wir leben in einer Welt, in der uns die Erwachsenen erzählen, dass wir nicht herumspinnen sollen, von nichts nichts kommt, dass das Leben einem nichts schenkt und kein Ponyhof ist. Wenn du mit solchen Floskeln aufgewachsen bist, kannst du diese einmal auflisten und ins Gegenteil kehren. Binde sie ruhig immer mal wieder in deine Drehbücher ein.

Meine Mutter pflegte zu sagen: »Wir sind arm wie die Kirchenmäuse.« Nun, wir hatten ein schönen Haus mit vielen Zimmern, einen ansehnlichen Garten, ein Auto und immer etwas zu essen auf dem Tisch. Dennoch hatte ich diesen Spruch meiner Mutter verinnerlicht und mir eine finanzielle Katastrophe nach der nächsten erschaffen.

Ich fing an, über diesen Spruch nachzudenken. Gibt es in Kirchen heutzutage überhaupt noch Mäuse? Wenn ja, sind sie wirklich arm? Fällt nicht vom Abendmahl immer mal ein Brotkrumen herunter? Sind sie dort nicht sicher vor Vögeln und Katzen? Sind sie nicht ganz nah bei Gott? Haben sie nicht ein Dach über dem Kopf und an sechs Tagen der Woche ihre Ruhe? Je länger ich darüber nachdachte, desto mehr löste sich die negative Energie dieses Spruches auf.

Wenn du glaubst, dass von nichts nichts kommst, kannst du beispielsweise drehen, dass das Leben dich immer wieder beschenkt. Wenn du glaubst, dass das Leben hart ist, dreh doch mal, dass dein Leben immer leichter und leichter wird. Wenn du glaubst, dass man für Geld hart arbeiten muss, dann drehe: »Geld kommt leicht und häufig in mein Leben. – Ich kann es mir leisten. – Ich bin so dankbar für die reichliche Entlohnung meiner Arbeit.«

Solche Sätze kannst du auch gerne vor anderen Menschen laut aussprechen. Doch, im Ernst! Damit sind wir ein Sprachvorbild, denn Sprachgewohnheiten werden besonders durch Nachahmung geprägt.[129]

> »Drehbuchschreiben ist wie Bügeln. Du gehst etwas vor und zurück und glättest die Dinge aus.«
>
> *Paul Thomas Anderson*[130]

Als ich mich wieder auf die Suche nach meinen wahren Wünschen begab, fielen mir nach und nach die Wünsche meiner Kindheit wieder ein. Ein Klavier saß jedoch auch bei mir als Erwachsene gerade nicht dran und Ballett wollte ich nicht mehr lernen. Ich kaufte mir eine Gitarre und meldete mich bei einem Gitarrenkurs der Volkshochschule an. Gitarre war auch ein kleiner Kindheitswunsch. Ich habe dann als Erwachsene jedoch gemerkt, dass ich es zwar toll gefunden hätte, bereits Gitarre spielen zu können, aber dass ich überhaupt keine Lust hatte, es zu erlernen und täglich zu üben.

Ich war ernüchtert, die Träume, die ich als Kind hatte, gab es nicht mehr. Ich war ein bisschen traurig darüber, dass sie sich damals nicht erfüllt hatten, sagte mir dann aber, dass ich auch durch die nicht erfüllten Wünsche viel über das Leben und mich gelernt hatte. Ich begab mich auf die Suche nach neuen Wünschen. Das empfand ich als sehr schwierig, ich hatte einfach keine Übung darin zu träumen, groß zu träumen, über das nachzudenken, was ich wirklich wollte.

---

[129] vgl. Jahn, Christine, 2017

[130] vgl. so.create.it

Zwar hatte ich in all den Jahrzehnten immer wieder Wünsche und konnte einige davon auch erfüllen, aber so richtig große Wünsche, Lebensträume oder gar Ziele hatte ich einfach nicht. Ich hatte verlernt und vergessen, zu wünschen.

Ich bin eine starke Person, die jegliche Lebenskrisen meistern konnte. Daher hatte ich den Glaubenssatz entwickelt: »Egal, wie schwer es ist, ich schaffe immer alles.« Sehr spät fiel mir auf, dass ich damit immer wieder Situationen kreierte, die schwer waren und in denen ich etwas schaffen musste. Das war sehr anstrengend. Inzwischen habe ich diesen Satz durch »Mein Leben wird leichter und leichter« ersetzt.

Wir sind den ganzen Tag über so häufig in schlechten oder neutralen Gefühlen, dass es kein Wunder ist, dass unsere Wünsche sich oft nur langsam erfüllen.

Unsere Anti-Wünsche erfüllen sich jedoch umso schneller, denn schlechte Energie ist ebenso eine starke Energie wie gute Energie. Alles, was du in schlechter Energie sagst, ist ein starkes Drehbuch. Wie oft sind wir in Stress, Zweifel, Einsamkeit, Ärger, Neid, schlechtem Gewissen, Sorgen, Enttäuschung oder Beunruhigung. Wie oft bist du in Freude, Heiterkeit, Wertschätzung, Dankbarkeit, Anerkennung, Bewunderung, Enthusiasmus, Liebe oder Spaß?

Als ich nach und nach entdeckte, welche Wünsche und Ziele ich tatsächlich habe, galt es noch herauszufinden, welche der vielen Realitätsgestaltungsmethoden denn nun tatsächlich wirken, ich kannte sie ja bereits, hatte sie auch schon angewendet, nur halt nicht für meine echten Wünsche.

Ich kann behaupten, dass ich die Drehbücher zur Wunscherfüllung am besten finde. Sie machen am meisten Spaß und bringen schnell gute Ergebnisse. Außerdem ist man die meiste Zeit super gelaunt und zieht noch weitere tolle Ereignisse in sein Leben.

Wenn man jedoch Konflikte mit anderen Menschen hat, empfehle ich *The Work* von Byron Katie.[131] Wenn man die Welt ein bisschen heilen möchte, macht aus meiner Sicht Ho'oponopono am meisten Sinn.[132, 133, 134] Die Kugelmethode von Bodo Deletz, bei der man in seiner gleichnamigen Akademie lernen kann, all seine Kopplungen und Konditionierungen zu lösen, halte ich für brillant. Sie ist eine machtvolle Methode, das eigene Glück dauerhaft zu gestalten. Allerdings braucht man hier einen langen Atem. Ich brauchte drei Jahre, bis ich die Akademie erfolgreich abschließen konnte.[135]

»Wenn man sich zu wenig auf die guten Gefühle konzentriert, wird man mit keiner Methode das Glück finden können.«[136]

»Wir können noch so viele positive Gedanken hegen oder die Güte in Person sein, von morgens bis abends beten, visualisieren und meditieren oder auch mit dem Kopf gegen die Wand rennen in dem fieberhaften Versuch, unsere Lebensträume zu verwirklichen. Nichts davon wird etwas bewirken, solange wir nicht unsere magischen Schwingungen einsetzen, die unsere Träume durch unseren unfehlbaren Genius – nämlich Gefühl – Realität werden lassen.«[137]

---

131 vgl. Katie, Byron, 2002

132 vgl. Mohr, Bärbel; Mohr, Manfred, 2014

133 vgl. Vitale, Joe; Len, Ihaleakala, 2016

134 vgl. Duprée, Ulrich Emil, 2013

135 vgl. Deletz, Bodo, 2015-2018

136 vgl. ebd.

137 vgl. Grabhorn, Lynn, 2004

Wenn du bemerkst, dass du in einem schlechten Gefühl bist, und nicht weißt, wie du da so schnell wieder herauskommen kannst, probiere einmal Folgendes: Überlege dir abends vor dem Schlafengehen etwas, an was du am nächsten Tag denken möchtest, sobald du bemerkst, dass du in einem schlechten Gefühl bist. Ich habe mir oft Katzenbabies vorgestellt. Manchmal waren es meine schönen Haare oder die Freundschaft mit einer meiner Freundinnen. Manchmal war es auch die Freude über meinen roten Mini, obwohl ich diesen schon seit bald zwei Jahren nicht mehr habe. Ich verlor ihn in der Zeit, als ich mich täglich über die viele Arbeit und die Ungerechtigkeit im Referendariat aufregte.

Für mich immer wieder sehr hilfreich ist es, die Kugelmethode anzuwenden, die bringt mich sofort von minus auf plus. Eine Zeit lang stellte ich mir alle zwei Stunden einen Wecker, der mich daran erinnerte, wieder zu kugeln. Ich kam während dieser Zeit kaum noch dazu, überhaupt irgendetwas Negatives zu denken oder zu fühlen. Mein Leben hob förmlich ab, und in dieser Zeit gelang mir einfach alles.

»Wohlbemerkt, es sind die Gefühle, nicht allein die Gedanken, die etwas bewirken. Gefühle bestimmen die magnetische Anziehungskraft, die wir ausstrahlen. [Es sind die] Gefühle, die Gefühle, die Gefühle ... die von unseren Gedanken herrühren!«[138]

Viele Menschen glauben, dass sie kaum negative Gefühle haben. Das sind meist die gleichen Menschen, die über die Regierung, ihre Kinder, Nachbarn oder Partner lästern, erzählen, dass das Leben ungerecht ist, dass man das Leben eben nehmen

---

[138] vgl. ebd.

müsse, wie es ist, und dass sie im Allgemeinen ganz zufrieden sind. Verarsche dich nicht selbst. Lerne gute von schlechten Gefühlen bewusst zu unterscheiden. Immer, wenn du an ein Nicht-Haben-Wollen denkst, kreierst du schlechte Gefühle und bist im Mangel von dem, was du dir eigentlich wünscht.

»Zufriedenheit ist toll, aber Begeisterung setzt die Dinge in Gang.«[139] Begeistert zu sein bedeutet nicht, die ganze Zeit Hurra zu schreien. Rieche an Rosen, laufe barfuß über eine Wiese, schau dem Sonnenuntergang zu, esse deine Lieblingsspeise, höre dein Lieblingslied oder mache eine Probefahrt mit deinem Traumauto.

»Begeisterung ist alles! Gib einem Menschen alle Gaben der Erde und nimm ihm die Fähigkeit der Begeisterung, und du verdammst ihn zum ewigen Tod.«[140]

»Die Energie der Begeisterung gleicht einem Feuer: Wir brennen für eine Sache. Ohne Begeisterung, ohne ›Burn-in‹ – das Brennen in uns und für etwas –, entsteht Burnout. Wir fühlen uns ausgebrannt. Sind wir erschöpft, sollten wir wieder schöpfen gehen, das heißt uns erneut begeistern.«[141]

> »Realität entsteht, wenn der Schöpfer sein Wort spricht.«
> *Kurt Tepperwein*

Lynn Grabhorn und Bodo Deletz raten dazu, so zu tun, als sei man verliebt. Im Ella-Camp[142] haben wir diese Übung sogar

---

[139] vgl. ebd.

[140] Adolf von Wilbrandt (1837-1910), deutscher Schriftsteller und Direktor des Burgtheaters in Wien

[141] vgl. Grabhorn, Lynn, 2004

[142] Ella Kensington ist das frühere Pseudonym von Bodo Deletz. In den Ella-

so weit getrieben, dass wir uns in Mülleimer verliebt hatten. Das Prinzip Verliebtheit ist ganz einfach.

Hinschauen, etwas Schönes daran finden, Wegschauen. Wiederholen. Wiederholen. Wiederholen. Ich hatte mich tatsächlich in einen Mülleimer verliebt.

Das Gefühl, in einen Menschen verliebt zu sein, funktioniert ähnlich. Bei einem Menschen oder auch bei anderen Gegenständen, zum Beispiel einem roten Mini, kommt noch das Haben-Wollen hinzu.

Verliebtsein ist Haben-Wollen.

Deshalb funktioniert auch Oma's Spruch »Willst du was gelten, mach dich selten« manchmal ganz gut.

Liebe hat nichts mit Haben-Wollen zu tun. Echte Liebe sagt: »Ich liebe dich so sehr, ich will, dass es dir gut geht, egal, ob es mit oder ohne mich ist.« Das ist aber ein anderes Thema und wäre ein eigenes Buch wert. Versuche doch mal jetzt, dich so zu fühlen, als seist du verliebt. Du musst dir dazu keinen Partner vorstellen, einfach nur in das Gefühl der Verliebtheit hineingehen, erinnerst du dich an dieses Gefühl?

»Wussten Sie, dass Sie dieses Gefühl willentlich hervorrufen können? Ich meine nicht die sexuelle Erregung, sondern den emotionalen Rausch, das Herzflimmern. Sie können einfach hinausgehen und sich verliebt fühlen. Und ich kann Ihnen sagen, dass sich nichts besser anfühlt und nichts die Schwingungen schneller erhöht.

Von dieser Ebene aus können Sie den ganzen Tag über in dieser Schwingung bleiben, in dem Wissen, dass sich Ihre Wünsche manifestieren werden. Sie können aber auch ganz

---

Camps fanden die Glückstrainer-Ausbildungen statt.

bewusst einen speziellen Wunsch in diese Hochstimmung einbetten [...]. Versetzen Sie sich nochmals in die Situation. Seien Sie einfach verliebt und Sie werden merken, wie lebendig Sie sich dann fühlen.«[143]

143 vgl. Grabhorn, Lynn, 2004

Kapitel 13

Setze Prioritäten

In vielen Therapieformen rät man dazu, negative Gefühle rauszulassen. Mittlerweile ist es jedoch erwiesen, dass man Gefühle nicht einfach hat, sondern erzeugt.[144] »Was vielfach immer noch in vielen Therapieformen gemacht wird, ist also nachweislich völlig falsch! Unser Gehirn und unser Körper sind keine Dampfkessel, aus denen zu starke Gefühle als Überdruck abgelassen werden können. Wir müssen uns nicht ausweinen, unsere Wut rauslassen oder sonst irgendwie Dampf ablassen. Es ist sinnvoller, seine Gefühle zu regulieren. Und wenn es gar nicht anders geht, dann ist sogar das Unterdrücken von Gefühlen eine Option, die nachweislich keine gesundheitlichen Wirkungen hat [...].[145]

Wir haben also keine Gefühle, sondern wir machen sie. Unsere Redewendung ist halt nicht korrekt. Wir sagen: »Ich

---

144 vgl. Deletz, Bodo; Kensington, Ella. 2016

145 vgl. ebd.

habe ein Gefühl«, aber das ist falsch, korrekt wäre: »Ich mache ein Gefühl.«[146]

Es sind auch nicht die Umstände, die unsere Gefühle machen. Wir beurteilen die Umstände und machen uns dazu Gefühle.[147] Wir haben es also tatsächlich selbst in der Hand, was wir fühlen.

Doch Vorsicht, Glück ist nicht das Gegenteil von Unglück. »Wenn wir unsere negativen Energien verändern, sind wir lediglich weniger unglücklich! Glück und Unglück sind getrennte biochemische und neuronale Systeme. [...] Wirklich glücklich werden wir erst dann, wenn wir in unserem Alltag immer wieder für echte positive Muster sorgen, zum Beispiel indem wir die Energie von bereits Positivem noch mehr erhöhen.[148]

Die guten Gefühle müssen also erst mal ausgelöst werden, sie entstehen nicht von selbst, nur weil wir keine schlechten Gefühle mehr haben.

»Da Energie nichts anderes ist als Schwingung, schwingt also alles, was existiert. Alles! Auch Sie und ich. Heutige Physiker haben mittlerweile erkannt, dass Energie und Materie ein und dasselbe sind [...]: Alles schwingt, da alles – ob sichtbar oder unsichtbar – aus Energie besteht.«[149] Die Energie, die wir ausstrahlen, ist von unseren Gefühlen aufgeladen und schafft so ein hoch elektromagnetisches Energiefeld, womit wir zu einem starken Magneten für Ereignisse, Gegenstände und Lebensumstände werden.

---

[146] vgl. Deletz, Bodo, 2015-2018

[147] vgl. ebd.

[148] vgl. Deletz,, Bodo; Kensington, Ella. 2016

[149] vgl. Grabhorn, Lynn, 2004

Wenn wir hoch schwingen und uns leicht, weit und energiegeladen fühlen, dann ziehen wir Gutes an, Dinge und Ereignisse, über die wir uns freuen. Gleiches zieht Gleiches an. Senden wir jedoch schlechte Energien aus, ziehen wir mit unserer Magnetkraft Ereignisse in unser Leben, die erneut dazu führen, dass wir uns schlecht fühlen.

Wie innen, so außen. Die Ursache liegt im Innen, nicht im Außen. Wir müssen nur den Magneten in uns ändern, um das, was uns im Außen begegnet, zu ändern. Zwar haben wir einen Körper aus Fleisch und Blut, doch sind wir in erster Linie magnetische Energie.[150]

Nicht, dass wir uns falsch verstehen, es geht nicht darum, dass wir nur noch grinsend durch die Gegend laufen und über verpasste Züge, verstorbene Verwandte oder missglückte Prüfungen in Jubel verfallen sollen.

Es gibt Situationen, die Trauer hervorrufen, und das ist selbstverständlich in Ordnung. Es geht vielmehr um all die vielen täglichen Kleinigkeiten, bei denen wir bewusst entscheiden können, welche Energie wir dazu erschaffen wollen.

Das fällt nicht vom Himmel, ist jedoch mit etwas Training erlernbar und kann zur Routine werden, wie der Sport am Abend oder das Zähneputzen am Morgen.

Alles, womit wir uns täglich beschäftigen, speichert unser Gehirn als wichtig ab.[151] Wenn Menschen ihre Prioritäten im Leben benennen sollen, stehen ganz oben auf der Liste Glück, Zufriedenheit, Lebensfreude, Liebe, Partnerschaft, Gesundheit, Freunde, Familie und Erfolg.[152] Wenn wir uns

---

150 vgl. ebd.

151 vgl. Deletz, Bodo, 2016

152 vgl. ebd.

jedoch anschauen, wie unser täglicher Alltag aussieht, wird schnell klar, dass wir diesen Werten nicht den Stellenwert geben, den sie unserer Priorität nach haben sollten, ganz einfach, weil wir uns mit anderen Dingen des Lebens beschäftigen. Unser Gehirn muss also denken, dass diese Dinge keine Priorität für uns haben, nämlich aus dem simplen Grund, dass wir uns nicht täglich mit ihnen beschäftigen. Es entsteht eine große Differenz zwischen unseren echten und unseren gelebten Werten. Dies ist die Hauptursache dafür, warum wir das Gefühl haben, unser Leben zieht an uns vorüber, warum wir glauben, dass unser Leben noch gar nicht angefangen hat, dass nur die anderen ein echtes Leben haben, dass wir darauf warten, dass unser Leben endlich beginnt.

»Das Hoffen auf bessere Zeiten ist jedoch ein Garant, die schlechte Zeit zu wiederholen. Vergangenheit wiederholt sich in der Zukunft, es sei denn, wir säen Neues.«[153]

Meistens merken wir leider zu spät, dass mit unseren Prioritäten etwas nicht in Ordnung ist – oft müssen wir erst krank, arbeitslos, pleite oder vom Partner verlassen werden. Vorher merken wir nicht, dass wir der Arbeit, dem Sport, der Karriere, dem Hausbau, dem Internet täglich eine so hohe Aufmerksamkeit gegeben haben, dass sie für uns eine gefühlte Priorität bekommen haben. Dies nennt sich dann das Hamsterrad des Alltags, aus dem wir nur herauskommen, wenn wir bewusst unsere Prioritäten ändern, und das geht nur, wenn wir uns täglich mit unseren *tatsächlichen* Prioritäten beschäftigen, damit unser Gehirn dies auch versteht. Sobald wir uns dessen bewusst sind, ist es leicht, unsere täglichen Routinen

---

[153] vgl. Grabhorn, Lynn, 2004

an unsere echten Prioritäten anzupassen. So erschaffen wir uns ein Leben in Glück, Zufriedenheit, Lebensfreude, Liebe, Gesundheit und Erfolg.

Das Rezept für Glück ist also im Grunde recht einfach. Wenn dir Liebe wichtig ist, beschäftige dich täglich ein wenig mit der Liebe.[154] Wenn dir deine Lebensfreude wichtig ist, dann beschäftige dich täglich ein wenig mit Lebensfreude. »Ich kenne nur diese eine Möglichkeit, wie man es schaffen kann, sein Leben nach den eigenen, tatsächlichen Maßstäben zu leben. Man sollte sich täglich ein wenig Zeit nehmen für die Dinge, die einem wirklich wichtig sind.«[155]

Als ich mir dieser Tatsache bewusst wurde, fehlten mir zunächst die Ideen, wie ich mich täglich mit Lebensfreude oder mit Glück beschäftigen sollte.

Der Trick, den ich anwendete, waren die Drehbücher. Ich drehte in etwa so: »Ich habe immer mehr Glück, Zufriedenheit und Lebensfreude in meinem Leben. Ich habe zwar im Moment gar keine Vorstellung davon, wie das geschehen soll, aber es ist einfach so passiert. Mein Leben ist voller Glücksmomente, ich spüre so viel Lebensfreude und es gibt immer mehr Ereignisse, die mich noch glücklicher und lebensfroher machen. Mein ganzes Leben ist besser als gedreht.« Immer, wenn ich eine Zeit lang solche Drehbücher machte, ereigneten sich, wie aus dem Nichts, die allerschönsten Erlebnisse.

Einmal wurde ich unverhofft zu einer Geburtstagsfeier eingeladen. Einer der Gäste erzählte so tolle und lustige Geschichten, dass ich fast den ganzen Abend lachte. Ein anderes

---

[154] vgl. Deletz, Bodo, 2016

[155] vgl. ebd.

Mal brachte Elke mir einen großen Sack mit, der von ihr aussortierte Kleidung enthielt. Darunter waren so wunderschöne Teile, dass ich sie bis heute in Ehren halte.

Ich gewann einmal dreißig Euro im Lotto und freute mich so sehr darüber, dass ich ein paar Menschen ganz begeistert davon erzählte. In der Folgewoche gewann ich einhundert Euro. Meine Begeisterung wandelte sich in Euphorie. Da hatte ich wohl ungewollt ein Drehbuch gemacht.

Eines späten Samstagabends rief mich Herr Nagula vom AMRA Verlag an und teilte mir mit, dass er mein erstes Buch *Reine Liebe erwartet dich!* veröffentlichen möchte. Ich tanzte die ganze Nacht durch die Wohnung und rief pausenlos: »Danke, Danke, Danke.«

> »Wenn du jemanden in einen Raum steckst, ohne ein Drehbuch, das er umsetzen kann, wird er nur rumsitzen. Drehbücher zu schreiben macht die Umsetzung einer Sendung möglich. Dann nimm der Regisseur es und engagiert Leute. Es ist, als ob man ein Haus ohne Ziegel bauen möchte. Man braucht ein großartiges Drehbuch.«
>
> *John Patrick Shanley*[156]

---

[156] vgl. so.create.it

Kapitel 14

Besser als gedreht

Schlechte Gefühle haben die Aufgabe, uns auf einem Missstand in unserem Leben hinzuweisen. Sie bleiben so lange, bis wir diesen Missstand behoben haben, das heißt, dieses Problem gelöst haben. Dann ist das schlechte Gefühl sofort weg und kommt auch nicht zurück. Man muss also nur ein einziges Mal erfolgreich etwas tun, um ein schlechtes Gefühl in Ordnung zu bringen.[157]

Bei den guten Gefühlen funktioniert das leider etwas anders. Wenn wir uns zum Beispiel glücklich fühlen, dann hält dieses Gefühl eine Weile an und verschwindet dann ganz von allein wieder. Wenn du dich dann wieder oder über eine längere Zeit glücklich fühlen möchtest, dann musst du ein ums andere Mal etwas dafür tun, um diese glücklichen Gefühle erneut auszulösen.[158] Es gibt absolut nichts, was wir tun könn-

---

157 vgl. Deletz, Bodo, 2015-2018

158 vgl. ebd.

ten, was uns dauerhaft glücklich machen würde. Wir müssen immer und immer wieder etwas für unser Glück tun, sogar, wenn wir schon glücklich sind, müssen wir etwas dafür tun, um weiterhin glücklich zu bleiben.

»Der Grund, warum es so schwierig ist, eine dauerhafte Motivation aufrechtzuerhalten, liegt in unserem Energiesparsystem, auch innerer Schweinehund genannt. [...] Dieses System ist nicht vergleichbar mit dem Verstand. Es ist evolutionär gesehen ein uraltes System und arbeitet auf eine ganz primitive Art und Weise. Es sagt uns einfach nur: ›Oh, ist das anstrengend, das ist mühsam.‹ [...] Dieses Energiesparsystem soll einfach nur bremsen. Sonst nichts.

Der Gegenspieler des inneren Schweinehundes, er wird auch innerer Treiber genannt, soll das Ganze ein bisschen ausgleichen. Der innere Treiber ist dafür verantwortlich, dass wir dann trotzdem noch was tun und nicht den ganzen Tag nur rumliegen und nichts machen. [...]

Der innere Schweinehund [...] ist einfach nur eine Bremse. Seine Aufgabe ist es nicht zu überlegen, ob sich was lohnt, oder nicht lohnt, seine Aufgabe ist einfach nur zu sagen: ›Oh, ist das anstrengend.‹ [...]

Hätten wir keinen Gegenspieler, wie den inneren Treiber, würden wir uns zu Tode sparen. Wir würden tatsächlich nichts tun. Der innere Treiber soll den inneren Schweinehund ausgleichen, so ist das System gedacht. Der innere Treiber sagt immer: ›Ja, dafür lohnt es sich, Energie locker zu machen.‹ Und der innere Schweinehund sagt immer: ›Oh, ist das anstrengend.‹

Wenn der innere Treiber jetzt sagt: ›Es lohnt sich aber trotzdem‹, und er ist stärker als der innere Schweinehund, dann entwickelt sich Motivation und wir bekommen Energie und tun das, was wir tun wollen.

Gewinnt der innere Schweinehund, indem wir nicht das Gefühl bekommen können: ›Oh, das würde sich jetzt lohnen.‹, dann tun wir halt nichts.

[...] Wenn wir hier nicht den inneren Treiber unterstützen, werden wir hier nicht die Motivation dauerhaft aufrecht erhalten können. [...]

Wenn hier der innere Treiber nicht immer wieder Nahrung von uns bekommt, indem wir ihm deutlich machen, warum sich etwas lohnt, dann wirst du nach kurzer Zeit, nach ein paar Wochen, wieder aufhören, deine [...] Energien [...] zu korrigieren.«[159]

Um eine möglichst hohe Motivation aufzubauen, mache dir bewusst, warum es sich lohnt, deine Energien zu modulieren und Drehbücher zu machen. Grundsätzlich lohnt sich etwas immer nur in Bezug auf eine Zielsetzung.[160] Unsere Zielsetzung ist es, glücklich zu sein, ein schönes Leben zu haben und die Erfüllung unserer Wünsche.

»Wir Menschen neigen von unserer Veranlagung her dazu, Dinge beim Alten zu belassen, wenn wir nicht sicher sind, dass was Neues besser wäre; selbst, wenn wir wissen, dass das Alte nicht gut ist. Deswegen kämpfen wir oft gegen unsere Veranlagung an. Wenn wir jetzt eine starke Motivation hätten, eine noch viel stärkere Motivation, unsere [...] Energien aufsteigen zu lassen, dann würde unser Unterbewusstsein uns nicht blockieren, sondern unterstützen.«[161]

---

159 vgl. ebd.

160 vgl. ebd.

161 vgl. ebd.

Das Motiv, unsere Probleme lösen zu wollen, ist in unseren Instinkten zehn Mal so stark angelegt wie das Auskosten oder Verstärken von Positivem.[162] Der Grund dafür ist, dass wir in unserem Ursprung Fluchttiere sind. Die Gewichtung der beiden Motive ist in der Steinzeit für unser Überleben sehr wichtig gewesen, »aber in Bezug auf das Glücklichsein ist es gelinde gesagt eine Katastrophe«.[163] Doch in der Steinzeit ging es nicht ums Glücklichsein, sondern primär ums Überleben.

Wichtig ist, dass wir uns klar machen, dass echte Probleme sich in unserem Alltag ganz von allein melden, und dann können wir sie immer noch lösen. Das Lösen von Problemen gestaltet zum Glück keine negative Realität. Der beste Weg für ein glückliches Leben ist also, die glücklichen Gefühle zu vermehren und Probleme zu lösen, wenn sie sich melden, statt auf die Suche nach ihnen zu gehen oder sie durch Sorgen, Ängste oder schlechte Drehbücher zu erschaffen.

Frage dich also mindestens einmal am Tag: Wozu lohnt es sich, meine Energien hoch zu halten und Drehbücher zu machen? Wenn du magst, kannst du dir dazu einen Wecker stellen, der dich täglich an diese Frage erinnert. Du weißt ja, wir müssen täglich trainieren.

Lynn Grabhorn[164] rät dazu, sich bei Wünschen, bei denen man nicht ins Sprudeln der Worte gerät, bei denen einem die Worte im Mund stecken bleiben, die man nicht ausschmücken oder mit Inhalt füllen kann, zu fragen: »Warum will ich das?« Das *Was* definiert den Wunsch, das *Warum* lädt unsere Batterie auf, bringt den Strom zum Fließen. Indem Sie auf

---

[162] vgl.ebd.

[163] vgl. ebd.

[164] vgl. Grabhorn, Lynn, 2004

das Warum eingehen, geben sie Ihrem Wunsch die nötige Starthilfe. Wenn die Batterie Ihres Autos leer ist, können Sie nirgendwo hinfahren, bis Sie sie wieder aufgeladen haben. Kein Saft – keine Bewegung; kein Pep in Ihrem Wunsch – keine Anziehung; keine Energie – keine Erfüllung.[165]

> »Das Leben ist schön, und wenn es mal nicht schön ist, dann mach ich's mir schön. Und wenn es dann immer noch nicht schön ist, dann red ich's mir schön.«
>
> *Farin Urlaub*[166]

Lynn berichtet von einer Frau, die sich ein Sommerhaus wünschte, diesen Wunsch jedoch nüchtern, ohne jegliche Emotion, äußerte. Lynn fragte sie: »Wie sieht Ihr Sommerhaus aus?« Die Frau schmückte aus, wie das Haus aussehen würde und dass es am Meer liegen würde. Lynn fragte weiter: »Warum wollen Sie so nah am Meer sein?« Nun war die Frau nicht mehr aufzuhalten. Sie erzählte und erzählte, kam ins Sprudeln und redete sich so in eine wundervolle Energie hinein. Die beste Voraussetzung für ein erfolgreiches Drehbuch.

> »Fang an zu schreiben, egal was. Das Wasser fließt erst, wenn der Wasserhahn aufgedreht ist.«
>
> *Louis L' Amour*[167]

Ich hatte einige Zeit gedreht, dass ich an einem See wohne. Zu der Zeit wohnte ich in einer Wohngemeinschaft in Dort-

---

165 vgl. ebd.

166 Urlaub, Farin: Viva-Interview für die Sendung »feat.«

167 vgl. so.create.it

mund. Wir wohnten in Hörde, einem Stadtteil, der von der Stahlindustrie geprägt und auch sonst recht einfach strukturiert war. Ich hatte nicht vor umzuziehen, machte das Drehbuch jedoch trotzdem, ich hatte ja nichts zu verlieren.

Es dauerte nicht lange, und das Stahlwerk auf der gegenüberliegenden Straße unserer Wohnung wurde abgerissen und nach China verkauft. Auf dem Gelände entstand der Phönixsee. Der See ist größer als die Hamburger Binnenalster. Ich musste nur über die Straße gehen. Zwar hatte ich mir das so nicht vorgestellt, aber gedreht ist gedreht. Wäre mein Wunsch präziser gewesen, hätte ich wohl hinzugefügt, dass man in dem See schwimmen darf.

> »Um einen großartigen Film zu machen, brauchst du drei Dinge – das Drehbuch, das Drehbuch und das Drehbuch.«
>
> *Alfred Hitchcock*[168]

Für uns gilt: Um ein großartiges Leben zu gestalten, brauchst du drei Dinge – das Drehbuch, das Drehbuch und das Drehbuch!

Natürlich können wir auch glücklich sein im Hier und Jetzt, ohne dass sich im Außen irgendetwas ändern muss. Wenn du dich dafür interessierst, magst du vielleicht mein Buch *Das Große Erwachen* lesen. In *Creality* geht es jedoch darum, unsere Wünsche zu erfüllen. Das stille Glück im Innen ist super, Wünsche erfüllen ist die Sahne auf der heißen Schokolade. Wir machen uns die Welt, wie sie uns gefällt.

Bei materiellen Wünschen ist es einfach, genau das zu benennen, was man haben möchte. Ich hatte mir zum Beispiel mal

---

[168] vgl. ebd.

ein bestimmtes Auto, einen roten Mini mit weißen Dach, erschaffen. Solche Bilder versteht das Unterbewusstsein.

Bei den immateriellen Wünschen, zum Beispiel dem Wunsch nach einer schönen Partnerschaft, kann es manchmal hilfreich sein, den Wunsch nicht genau zu benennen. Denn manchmal wissen wir gar nicht so genau, was uns tatsächlich glücklich macht. Wir übernehmen unsere Vorstellungen, wie eine gute Beziehung zu sein hat, oft unbewusst von unseren Eltern, anderen einflussreichen Personen unserer Kindheit, den Medien oder von Freunden.

Um ganz sicher zu gehen, dass du das bekommst, was dich wirklich glücklich macht, kannst du bei deinen immateriellen Wünschen Sätze sagen wie: »Ich lebe in einer wundervollen Partnerschaft. Ich habe das Gefühl, angekommen zu sein. Ich bin in dieser Liebesbeziehung so glücklich wie noch niemals zuvor. Wir leben schon viele Jahre zusammen. Ich hätte mir nicht vorstellen können, dass Liebe so erfüllend und schön sein kann. Es ist besser als gedreht.«

»Es ist besser als gedreht«, sagen Dorit und ich ganz häufig am Ende unserer Drehbücher. Und schon oft wurden unsere Wünsche von der Wirklichkeit übertrumpft. Wir drehen erst das, was wir meinen haben zu wollen, und schließen dann mit den Worten: »Es ist besser als gedreht.«

Dorit hatte sich einmal ein Pferd mit den Drehbüchern erschaffen. Sie hatte zwar keine Ahnung, wie das Pferd in ihr Leben kommen sollte, aber es kam. Außerdem kamen noch ein Stall und eine Wiese. Zusätzlich half ihr ihre Nichte beim Versorgen des Pferdes.

Das Pferd stand in einem Stall mit elf anderen Pferden. Nach einigen Monaten wurde bei einigen der Pferde eine

Heu-Allergie festgestellt. Man überlegte, die für die Pferde frei zugänglichen Ställe in feste verschließbare Boxen umzubauen. Im Sommer sollten die Pferde draußen und im Winter in den Boxen sein. Dorit war niedergeschlagen. Sie wollte doch gerne, dass ihr Pferd in einem freien Stall wohnen konnte. Außerdem erschien es kompliziert, Stroh zu den Winter-Boxen zu fahren.

Einige Pferdebesitzer brachten ihre Pferde in anderen Ställen und auf anderen Wiesen unter. Dorit wollte aber unbedingt auf genau diesem Anwesen bleiben. Es war jedoch bereits beschlossen, dass dort ab dem kommenden Winter nur noch Boxen-Pferde untergebracht würden.

Dorit drehte täglich: »Es gibt hier die allerbeste Lösung, ich brauche mir keine Gedanken zu machen. Wir bleiben im offenen Stall, hier haben wir Herdenhaltung und nebenan eine Reithalle, genau so, wie ich es mag. Für mich gibt es keinen besseren Stall. Danke für die beste Lösung.«

Inzwischen war der Herbst fast vorbei, doch Dorit drehte einfach weiter.

Eines Tages, es war schon fast Winter, und Dorit hatte noch immer nichts unternommen, um ihr Pferd irgendwo anders unterzubringen, kam die Schwester des Stallbesitzers zu Dorit und erzählte, dass die vier Allergie-Pferde in die Stallboxen kommen und alle anderen Pferde, die noch da seien, in einen neuen offenen Stall kommen sollten. Hier sei sowohl die Stroh- als auch die Wasserversorgung geregelt. Es machte also viel weniger Aufwand als noch im Winter zuvor. Dorits Pferd bekam den besten Platz im Stall und hatte nun einen noch größeren Auslauf.

Alles war noch viel besser als gedreht.

Kapitel 15

Reflexionspause

Suche dir zu Beginn vielleicht einen Wunsch aus, den du für relativ leicht realisierbar hältst. Später machst du Drehbücher *tutto completti.* Natürlich kannst du auch gleich in die Vollen gehen. Wenn ich drehe, packe ich immer alles rein, was mir gerade einfällt. Damit ich nicht wieder so vieles vernachlässige, weil ich einfach nicht dran denke, schaue ich ab und an auf meine Wunschliste.

Die Drehbücher mache ich meistens im Auto. Nur auf Hinfahrten. Auf Rückfahrten habe ich meist keine Lust dazu. Ich erzähle mir während der Fahrt meine Wünsche so, als ob sie bereits verwirklicht sind.

Zu den sprachlichen Feinheiten kommen wir später noch, dabei kann man auch in einige Fallen tappen. Fürs Erste reicht es, wenn du dir merkst, dass du ein Drehbuch immer im Präsens, also der Gegenwartsform formulierst. Dein Unterbewusstsein ist nämlich wie ein Computerprogramm. Es denkt nicht um die Ecke und wenn du etwas anderes meinst, als du sagst, bekommst du nur das, was du sagst, nicht das, was du meinst. Wenn du beispielsweise sagst: »Ich werde heiraten«, erschaffst du Lebensumstände, in denen du irgendwann einmal heiraten wirst, nicht jedoch eine Realität, in der du tatsächlich heiratest. Sagst du hingegen: »Ich bin verheiratet«, erschaffst du genau das, nämlich, dass du verheiratet bist. Wenn wir sagen, dass etwas geschehen wird, erschaffen wir Situationen, in denen wir hoffen, dass irgendwann etwas Bestimmtes geschehen wird. Also *Ich lebe in einer wundervollen Wohnung* statt *Ich werde in einer wundervollen Wohnung leben.* Unser Unterbewusstsein hört uns aufmerksam zu. Wenn es merkt, dass es eine Differenz zwischen dem, was wir sagen, und den Umständen gibt, setzt es alles daran, die Umstände an unsere Gefühle und Worte anzupassen.

Wenn es um Krankheiten geht, kannst du entweder deine Gesundheit drehen oder sagen, dass du die Krankheit hattest, sie also in die Vergangenheit befördern und für die Gegenwart Gesundheit erschaffen. »Ich hatte Krebs, ja, aber wie durch ein Wunder hat mich die richtige Heilmethode gefunden. Ich bin nun wieder vollkommen gesund.«

In vielen Wunsch- und Bestellbüchern wird vorgeschlagen, einen bestimmten Zeitrahmen vorzugeben, innerhalb dessen sich der jeweilige Wunsch erfüllen soll. Ich halte das in Bezug auf größere Wünsche, bei denen die Matrix aus allen Möglichkeiten das Beste heraussucht, nicht für ratsam.

Vielleicht muss aus meiner Traumwohnung erst jemand ausziehen, womöglich muss sich mein idealer Partner erst aus einer anderen Verbindung lösen, und ein gutes Buch schreibe ich auch nicht innerhalb von einem Tag, wobei letzteres womöglich auch nur ein Glaubenssatz ist.

Es gibt Ratgeber-Bücher, die empfehlen, sich an die Erfüllung langsam heranzutasten. Wenn man sich mit zwei Wochen gut fühlt, soll man zwei Wochen vorgeben, wenn nicht, kann man es mit einem Monat oder, falls sich das auch nicht richtig anfühlt, mit einem halben Jahr versuchen.

Ich finde das relativ kompliziert und rate deshalb dazu, das Datum der Erfüllung komplett offen zu lassen. Meiner Erfahrung nach erschaffen wir auf diese Weise zufriedenstellendere und schönere Ereignisse.

Eine Frau wünschte sich ein neues Auto innerhalb der nächsten zwei Wochen, weil ihres zum TÜV musste und sie befürchtete, dass dies eine sehr teure Angelegenheit werden würde. Sie bekam innerhalb von zwei Wochen ein komplett neues Auto. Als Spielzeug in einem Überraschungs-Ei.

Eine ehemalige Kollegin einer meiner Freundinnen war enttäuscht von einem Mann, weil dieser sie verlassen hatte. Nach einer gewissen Zeit der Trauer sagte sie: »Okay, dann ist jetzt Schluss mit Trauer. Jetzt kommt ein Neuer auf einem weißen Pferd.« Noch am selben Abend gab es eine Betriebsfeier. Sie ging hin. Im Nachbarsaal der Lokalität war eine andere Veranstaltung. Auf dem Weg zur Toilette lernte sie einen Mann kennen. Er fuhr einen weißen Mustang und wurde ihr neuer Partner.

In diesem Fall hat die Matrix das *Jetzt* sehr wörtlich genommen. Es kann also klappen. Du kannst mit den Zeitvorgaben aber auch ein bisschen spielen. Taste dich an die Art von Drehbuch heran, die dir am meisten Freude bereitet und bei der du die höchste Energie hast. Das Universum hat eine Menge Humor, wie der weiße Mustang beweist.

Oft liefert die Matrix auch schneller, als man gucken kann.

Ich unterhielt mich während einer Freistunde mit eine Kollegin. Sie erzählte mir, dass ihr jemand das Buch *The Secret* empfohlen hatte, und fragte mich, ob ich es kennen würde. Daraus ergab sich ein unterhaltsames Gespräch, in dem ich ihr auch von den Drehbüchern erzählte.

Noch am gleichen Abend besuchte die Kollegin eine Bekannte, die gerade umgezogen war. Diese wohnte nun in einem kleinen Holzhaus, in der mittleren Etage.

Meine Kollegin bekam eine kleine Hausführung und fand alles traumhaft. Das Haus lag inmitten von Natur, von jedem Fenster aus konnte man Weiden mit Pferden sehen. Sie war vollständig begeistert und betonte mehrmals, wie schön sie das alles fand. Ihre Bekannte sagte jedes Mal: »Ja, es ist auch schön, aber es ist ja nicht für immer.« Weil sie es so oft sagte, griff meine Kollegin diesen Satz auf und er wurde zum Running Gag des Abends. Immer wieder sagten sie: »Ja, das Haus ist schön, aber es ist ja nicht für immer.«

Gegen 23 Uhr verabschiedete meine Kollegin sich von der Bekannten und fuhr nach Hause. Weil sie aber noch nicht schlafen gehen wollte, legte sie sich für eine Weile aufs Sofa. Um 1:30 Uhr erhielt sie einen Anruf von ihrer Bekannten. Diese schrie ins Telefon: »Das Haus brennt.«

Ihre Bekannte hatte sich bereits schlafen gelegt und war aus einem ihr nicht erkennbaren Grund plötzlich aufgewacht. Als sie durch das Fenster schaute, sah sie, wie brennende Holzspanten herunterfielen.

Sie hatte sich allein im Haus befunden und war im Nachthemd, mit dem Handy in der Hand, nach draußen gelaufen und hatte die Feuerwehr verständigt. Während sie auf die Feuerwehr wartete, telefonierte sie mit meiner Kollegin.

Innerhalb von acht Minuten waren die ersten Einsatzkräfte vor Ort. Insgesamt kamen über zweihundertfünfzig Feuerwehrkräfte, weil neben dem Haus auch Stroh- und Heubunker standen, die drohten, ebenfalls in Flammen aufzugehen.

Als die Feuerwehr eintraf, beendete die Kollegin das Telefongespräch. Meine Kollegin wusste sofort, sie hatten zu oft gesagt: »Das Haus ist schön, aber es ist ja nicht für immer.«

Es ist wichtig zu wissen, dass es zwischen Drehbuch (und auch allen anderen Methoden der Realitätsgestaltung) und dem Erfüllen eine Reflexionspause gibt.[169] Das bedeutet, wenn du jetzt deine Drehbücher machst und deine Energien veränderst, dann gibt es eine zeitliche Pause, bis die geänderten Energien in deiner Realität sichtbar werden. Wie lang die Reflexionspause jeweils ist, können wir nicht bestimmen. Das erklärt, dass manche Wünsche sich sofort erfüllen, also synchron zu deinem Drehbuch in Erscheinung treten, und du auf andere Erfüllungen warten musst.

Die Dauer der Reflexionspause ist von mehreren Faktoren abhängig, beispielsweise der Intensität deiner Gefühle und Energien, der Häufigkeit deiner Drehbücher und der Komplexität der Umstände. Das bedeutet: »Wenn komplexe Umstände erschaffen werden müssen, dann dauert's halt einfach ein bisschen länger.«[170]

Wir können nicht genau vorhersagen, wie lang die Reflexionspause für die Erfüllung eines Wunsches ist. Die Realität, die du jetzt erlebst, ist das, was du mit der Energie deiner Vergangenheit erschaffen hast. Das bedeutet, wir erleben ständig

---

169 vgl. Deletz, Bodo, 2015-2018

170 vgl. ebd.

unsere energetische Vergangenheit. Komm also bitte nicht auf die Idee, dass sich ja doch nichts ändert, weil dein Leben immer noch so ist wie vorher. Damit fokussierst du dich erneut auf deine alten Energien und erschaffst wieder genau das Gleiche, nämlich das, was du nicht mehr haben willst. Du stehst dann der Umsetzung und Erfüllung deiner Wünsche komplett im Weg, du drehst das Rad zurück.

Nehmen wir einmal an, dass du deine finanzielle Situation verbessern möchtest. Du fängst also an, Drehbücher zu machen, es gelingt dir, deine Energien richtig schön hoch zu haben, du drehst auch nicht in Superlativen, du hältst dich an alle Ratschläge, die ich dir hier gebe – und morgen kommt eine fette Rechnung, mit der du nicht gerechnet hattest. Dann verstehe bitte bitte bitte, dass die Rechnung ein Gruß aus deiner energetischen Vergangenheit ist.

Lass dich nicht entmutigen. Wenn du für diesen Tag die Schnauze voll hast, suhl dich ein bisschen in schlechten Gefühlen und starte morgen erneut.

Ich weiß, wie sich solche Situationen anfühlen.

Aber ich weiß auch, wie es sich anfühlt, wenn das Blatt sich wendet, wenn sich buchstäblich das gesamte Leben dreht. Bleib also bitte bitte dran.

Wenn ich das kann – und ich war ein kleines Bisschen ein hoffnungsloser Fall –, dann kannst du es allemal. Hinfallen, aufstehen, Krone richten, Drehbuch machen.

Begeistert sein.

Kapitel 16

Der Durchbruch

»Überprüfen Sie, wie oft Sie über Ihren Wunsch so richtig in Entzücken geraten sind. Wenn sie einen guten Anfang gemacht haben, einige Minuten lang vor Begeisterung ganz aus dem Häuschen waren, dann aber nie wieder daran gedacht haben, wird sich Ihr Wunsch vielleicht eines Tages manifestieren (obwohl das zweifelhaft ist).«[171]

»Dann kam der Durchbruch. Ich hatte ein paar außergewöhnliche, fast schon revolutionäre Ideen, um mit nur halb so viel Einsatz den vierfachen Umsatz zu machen. Neue Leute tauchten auf, um mir auszuhelfen, und in etwa sechs Monaten verdiente ich wieder genug, um gut davon leben zu können, nicht großartig, aber immerhin angenehm. Es dauerte tatsächlich eine Weile, bis ich wieder dort war, wo ich hin wollte; alte Gewohnheiten lassen sich nicht so leicht ausmerzen, aber irgendwann hat man es geschafft.«[172]

---

[171] vgl. Grabhorn, Lynn, 2004

[172] vgl. ebd.

»Erwarten Sie nicht sofort ein Ergebnis. Wenn Sie heute erst Ihr Drehbuch schreiben, können Sie nicht schon morgen fragen: ›Wo bleibt es denn?‹«[173]

»Konzentrieren Sie sich ganz auf Ihren Wunsch, und fixieren Sie sich nicht darauf, dass er noch nicht in Erfüllung gegangen ist. Er bahnt sich an, er verwirklicht sich allmählich, er ist unterwegs zu Ihnen. Glauben Sie daran!«[174]

Achte auch auf Vorboten, auf Zeichen und Hinweise, auf Zufälle und Synchronizitäten. Es gibt keine echten Zufälle, es gibt nur Ereignisse, die uns zufallen, weil wir die entsprechenden Ursachen gesetzt haben.

Als Synchronizität bezeichnete der Psychiater und Psychoanalytiker Carl Gustav Jung zeitlich korrelierende Ereignisse, die nicht über eine Kausalbeziehung verknüpft sind, jedoch als miteinander verbunden, aufeinander bezogen wahrgenommen und gedeutet werden.[175] Synchronizität ist also alles, was vermeintlich zufällig zeitgleich auftritt und gefühlt zusammengehört.

Wenn du dir ein neues Auto drehst, beispielsweise einen roten Mini mit weißem Dach, und dir begegnen in der Folge andauernd auf der Straße solche Autos, dann können wir das als Synchronizität der Ereignisse bezeichnen.

Du hast nun zwei Möglichkeiten, mit diesen Synchronizitäten umzugehen. Du kannst den Wagen sehen und denken: »Schade, dass ich keinen habe«, oder du kannst ihn als Zeichen, als Vorboten sehen, dass dein Auto bereits auf dem

---

[173] vgl. ebd.

[174] vgl. ebd.

[175] vgl. Wikipedia

Weg zu dir ist. Ersteres wirft dich zurück in die Realität und Energie von gestern, Letzteres kann dich beflügeln und beschleunigt deine Wunscherfüllung.

Freue dich, wenn du so einen Wagen irgendwo siehst. Die Freude lädt dich mit der nötigen Energie auf, die deinen Wunsch erfüllen wird.

Du wirst erstaunt sein, wie häufig du nun so einen Wagen sehen wirst, sobald du deine Aufmerksamkeit erst einmal darauf lenkst, dass es ihn überhaupt gibt.

»Eines Tages düsen Sie über die Autobahn, und vor Ihnen taucht plötzlich Ihr Traumauto auf. Sie stöhnen vor Neid, weil Sie daran denken, dass Sie sich so was nicht leisten können. Die Sehnsucht packt Sie. Sie betrachten das Auto mit großem Verlangen, schütteln enttäuscht den Kopf, als ob Sie sagen wollten: ›Mensch, das wäre fantastisch, aber es wird sowieso nie was.‹ Anstatt in helle Begeisterung auszubrechen über Ihr Traumauto, sind Sie frustriert und denken automatisch: ›Verdammt, vergiss es einfach.‹

Genau deshalb steht er nicht vor Ihrer Haustür. Sie richten Ihre ganze Aufmerksamkeit auf den Mangel, also darauf, dass Sie das Auto eben nicht besitzen, anstatt auf die Freude, es zu bekommen. […] Denk ruhig weiter so, und du kriegst noch mehr von dem Zustand ›Ohne Auto‹.«[176]

Wenn du das Auto wirklich haben willst, dann fühle echte Begeisterung, rede dich durch deine Drehbücher in die hellsten, weitesten und höchsten Energien und freue dich, wenn du dein Traumauto als Vorbote deiner eigenen Realität irgendwo siehst.

---

176 vgl. Grabhorn, Lynn, 2004

Bei einem Experiment aus dem Buch *E²* von Pam Grout[177] legte ich einmal spielerisch meinen Fokus auf quietschgrüne und -gelbe Autos. Ich dachte eigentlich, dass diese bereits mehr oder weniger der Vergangenheit angehörten, aber ich hatte Lust, mit meinem Fokus ein bisschen herumzuspielen. Auf einer einzigen Autofahrt von ungefähr fünfzig Kilometern sah ich genau zweiundvierzig quietschgrüne und -gelbe Autos. Ich sah sogar quietschfarbene Fahrräder, Roller, Motorräder, LKWs und Lieferwagen. Zum Glück machte ich dieses Experiment nur für einen Tag, ich hatte nämlich nicht vor, mir ein quietschfarbenes Fahrzeug zu erschaffen.

Unsere Aufmerksamkeit ist ein starkes Werkzeug in der Realitätsgestaltung. Schmerz beispielsweise verstärkt sich für gewöhnlich umso mehr, je mehr Aufmerksamkeit wir ihm geben.[178] Im Umkehrschluss wird er als weniger leidvoll empfunden, wenn wir ihn nicht so stark beachten.

Von Schmerztabletten kann man aus gesundheitlichen Gründen halten, was man möchte, tatsächlich helfen sie jedoch, unsere Aufmerksamkeit leichter vom Schmerz und damit von der Krankheit lösen zu können, wodurch oft ein Teufelskreis durchbrochen wird.[179] »Die Ursachen müssen übrigens häufig auch hier nicht behandelt werden – es sei denn, der Patient ist davon überzeugt, dass eine Symptombehandlung nichts bringt, weil die Ursachen ja noch nicht gelöst sind.«[180]

»Heilmethoden bewirken also aus Sicht der Realitätsgestaltung deshalb etwas, weil sie letztendlich die Aufmerksamkeit

---

[177] vgl. Grout, Pam, 2015

[178] vgl. Deletz, Bodo, 2015-2018

[179] vgl. ebd.

[180] vgl. ebd.

des Patienten auf die Gesundheit lenken und so Gesundheit manifestiert wird. Das Gleiche gilt natürlich auch für Placebo-Behandlungen.«[181]

Fast alle Heilpraktiker in meinem Freundes- und Bekanntenkreis hatten sich während ihrer Ausbildung gleich mehrere Krankheiten diagnostiziert. Ihre Aufmerksamkeit lag so sehr auf dem Erkennen von Symptomen und Krankheiten, dass sie diese durch ihre Aufmerksamkeit auch bei sich feststellen konnten. Ich traf sogar mal eine junge Medizinstudentin, die ihre Abschlussarbeit über Brustkrebs schrieb und bei Abgabe der Arbeit selbst, im Alter von weniger als fünfundzwanzig Jahren, Brustkrebs diagnostiziert bekam.

Wir müssen uns vor negativen Energien nicht schützen, das ist ein Irrglaube, der den negativen Energien nur unnötig Bedeutung verleiht.[182] Wenn du negative Energien spürst, fang einfach an, nach den positiven zu suchen, die ebenfalls vorhanden sind, oder erschaffe sie.

»Wenn wir uns emotional lange genug mit etwas beschäftigen, egal, ob wir es haben wollen oder eben gerade nicht, wird es sich in unserem Leben niederschlagen, ob es uns gefällt oder nicht.«[183]

---

[181] vgl. ebd.

[182] vgl. ebd.

[183] vgl. Grabhorn, Lynn, 2004

Kapitel 17

Jedes Wort ein Drehbuch

Eine weitere Ebene der Realitätsgestaltung ist die Identitätsebene.[184] Hier geht es darum, mit wem oder was wir uns identifizieren. Mit welchem Beruf identifizierst du dich? Mit welchem Status, mit welchen emotionalen Eigenschaften, mit welcher Einkommensklasse, mit welchen Rollen, mit welchen Sportarten, mit welchem Temperament oder Aussehen, Sternzeichen, mit welchen Erfolgen oder Leistungen?

In unserer Kindheit konnten wir in Nullkommanix eine andere Identität annehmen. Wir waren Indianer, Prinzessin, Ritter, Tarzan oder Ballerina. In der Regel benötigt unser Gehirn gerade einmal eine Sekunde, um in eine andere Identitäts-Energie hineinzukommen.[185] Wir identifizieren uns mit unserem Lebensstandard oder mit Rollen wie Verlierer, Gewinner, Lügner, Pechvogel oder Glückspilz. Diese Identifika-

---

[184] vgl. Deletz, Bodo, 2015-2018

[185] vgl. ebd.

tionen erschaffen ebenfalls unsere Realität. Spüre also nach, mit was du dich identifizieren möchtest, und nehme das in deine Drehbücher auf. »Ich bin ein erfolgreicher Mensch, meine Vorhaben gelingen immer häufiger und immer besser. Ich habe das Projekt xy erfolgreich abgeschlossen, ich habe aber auch immer ein Glück. Ich kann es halt. Ich bin echt gut in dem, was ich mache, und meine Kunden würdigen das in Wort und Bezahlung. – Ich bin sehr gutaussehend. Ich werde immer schöner und attraktiver, ich bin halt einfach ein gut aussehender Mensch. Meine hohen Energien bringen mein Gesicht zum Strahlen, ich bewege mich immer lieber und mein Körper ist fit und dynamisch.«

Die Worte, die wir in unseren Drehbüchern verwenden, geben der Matrix zwar die Richtung vor, noch wichtiger für die Gestaltung unserer Realität sind jedoch die Gefühle, die wir mit diesen Worten transportieren.

Unsere Worte beeinflussen auch unser Denken. Das gesprochene Wort hat eine intensivere Schwingung als ein Gedanke. Wenn wir unsere Sprache ändern, ändert sich auch unsere Körperhaltung und unsere Ausstrahlung.

Je klarer wir uns ausdrücken, desto klarere Lebenssituationen erschaffen wir.

Wenn wir sagen, dass der Flur mal wieder gestrichen werden sollte, fühlen wir uns nicht dazu aufgefordert, dies auch zu tun. Sagen wir, dass es uns eigentlich ganz gut geht, sagen wir damit gleichzeitig, dass es Bereiche gibt, in denen es uns nicht gut geht. »Ich bin glücklich, es geht mir gut, mein Leben wird immer schöner.«

Wenn wir sagen, dass wir etwas haben *möchten*, erschaffen wir genau das, nämlich, dass wir etwas haben möchten, nicht, dass wir es haben. Ähnlich verhält es sich mit wollen und sollen. »Ich will mehr Sport machen.« Oder: »Ich mache mehr Sport.« Oft verfallen wir mit diesen Hilfsverben auch in das, was wir nicht erschaffen wollen. »Ich will nicht entlassen werden, ich möchte nicht so leben, ich sollte nicht so viel Süßes essen.« – Für positive Drehbücher ist das wenig hilfreich.

Wir sagen damit, was wir bereits haben, nicht das, was wir erreichen wollen. »Ich bin sportlich, ich ernähre mich gesund, gesund zu essen macht mir Freude. Mein Speiseplan wird immer gesünder. Ich bin fit und vital. Es macht mir Spaß, nach der Arbeit schwimmen zu gehen, das Wasser auf meiner Haut zu spüren, den Alltag zu vergessen und eins mit meinen Bewegungen zu sein.«

Ich *kann* das nicht. – Ich kann das. Pierre Franckh[186] empfiehlt zu sagen: »Ich kann das *noch* nicht.« Für ein Drehbuch empfehle ich: »Ich kann immer besser Klavier spielen. Die richtigen Tasten zu treffen fällt mir immer leichter, und die Melodien hören sich immer harmonischer an. Ich bin sogar schon von meinem Klavierlehrer dafür gelobt worden, wie gut ich lerne und vorankomme.«

Wenn wir sagen, dass wir etwas müssen, setzen wir uns unweigerlich unter Druck. »Ich muss noch einkaufen gehen. Ich muss noch die Wäsche machen, das Skript abgeben, Frau Schmidt anrufen.«

Hier empfiehlt es sich, die Vorhaben als bereits abgeschlossen zu drehen. »Ich hatte ein sehr gutes Telefonat mit Frau Schmidt. Sie fand meinen Vorschlag super, wir haben uns schnell geeinigt und die Stimmung war richtig freundlich.

---

[186] vgl. Franckh, Pierre, 2015

Die Wäsche ging mir heute leicht von der Hand. Das Einkaufen hat mir heute richtig Spaß gemacht.«

Wenn ich nur andere Eltern, Lehrer, Chefs, Nachbarn gehabt hätte ... *Wenn* ist immer nur ein verstecktes Nicht-haben-Wollen. Mein Leben wäre anders verlaufen, wenn alles anders gewesen wäre. *Wenn* ich erst Lottomillionärin *wäre*, dann wäre mein Leben besser. Lasst uns das Wörtchen *wenn* so selten wie möglich benutzen. Es manifestiert keine neue Realität. »Ich *bin* glücklich. Ich nehme mein Leben in die Hand. Mein Leben verändert sich, es wird immer schöner.«

Ich *hänge* an meinem Job, an meinem Partner, an meinen Kindern. Hängen kommt von Abhängigkeit. Wir erschaffen damit unbewusst das Gefühl, abhängig zu sein. Unser Glück hängt von anderen ab. »Ich liebe meinen Partner, ich liebe meine Kinder, ich liebe mein Leben. Es ist wundervoll.«

Ich *brauche* morgens einen Kaffee, damit ich wach werde. *Brauchen* tun wir im Grunde nur das, was wirklich notwendig zum Überleben ist. Wenn wir sagen, dass wir etwas brauchen, denkt unser Emotionalgehirn, dass wir das zum Überleben brauchen,[187] und so verstärken wir unsere Sucht, das Nicht-davon-wegkommen-Können. Zwar hätten wir ohne dieses Wort immer noch das Verlangen nach einem Kaffee, aber wir können den Teufelskreis der Sucht wesentlich leichter durchbrechen, wenn wir die Substanzen nicht *brauchen*. Wir können Kaffee Zigaretten, Sex, Geld, Ruhe auch einfach nur lieben oder gern haben. So haben wir weniger Stress im Alltag.

Wir haben auch jede Menge anderer Sprachgewohnheiten, die nicht förderlich für ein glücklich erfülltes Leben sind.

---

[187] vgl. Deletz, Bodo, 2015-2018

»Das macht mich kaputt.« »Ich habe keine Zeit.« »Ich bin zu dick.« Mehr Glückspotenzial haben hingegen folgende Sätze: »Ich habe jetzt Zeit dafür.« »Ich werde immer schlanker und schlanker.« »Mein Leben wird immer leichter.«

»Mein Buch verkauft sich wie *verrückt.*« »Ich bin *wahnsinnig* erfolgreich.« Diese Begriffe kommen aus dem Krankheitsbereich. Wir verwenden sie für unsere Drehbücher besser nicht. »Ich bin begeistert, wie gut sich mein Buch verkauft. Ich freue mich täglich über meinen wachsenden Erfolg.«

»Ich habe ein Attentat auf dich vor.« »Schieß los!« »Ich bin todkrank.« »Der Tipp ist todsicher.« »Ich verrate dir kein Sterbenswörtchen.« »Das geht mir auf die Nerven.« »Ich bin sauer.« »Mir wird schlecht, wenn ich so was höre.« »Der ist furchtbar nett.« »Das ist verdammt gut.« »Meine neue Jacke ist todschick.« » Da dreht sich mir der Magen um.«

Auch im Alltag können wir auf unsere Redewendungen achten, und unser Glückspotenzial schon allein dadurch erhöhen, dass wir bestimmte Ausdrücke und Formulierungen einfach nicht mehr verwenden.

Konjunktive wie *würde* oder *hätte* transportieren unsere Unklarheit und Unsicherheiten, bringen jedoch nicht das, was wir uns wünschen. »Ich hätte gerne eine Putzfrau.« Hätte manifestiert nicht. Sag besser: »Ich habe eine Haushaltshilfe, die mir gut zur Hand geht und mich sehr unterstützt. Sie ist eine wahre Perle.«

Im Alltag verwenden wir unwillkürlich auch sehr viele Verneinungen. »Warum eigentlich nicht?« »Das ist nicht uninteressant.« »Vergiss das nicht.« »Hoffentlich wird das was.« »Ich kann nicht klagen.« »Das ist nicht schlecht.« »Das ist keine schlechte Wahl.« »Das soll jetzt kein Vorwurf sein.« »Versteh mich nicht falsch.« Mit solchen Sätzen erschaffen wir unseren Misserfolg, das, was wir nicht wollen.

Allerdings kommt es immer noch auf unsere Gefühle an, die wir mit diesen Worten transportieren. In der Hypnose-Therapie[188] arbeitet man teilweise mit Verneinungen und hat Erfolg. Um jedoch auf Nummer sicher zu gehen und unserem Gegenüber mehr Respekt zu zollen, schlage ich vor, auf solche Redewendungen möglichst zu verzichten. »Ja, gerne, es wird sicher gut.« »Danke, dass du mich dazu einlädst.« »Das finde ich interessant, erzähl mir mehr davon.« »Das merke ich mir.« »Das wird gut, das spüre ich schon.« »Es geht mir gut.« »Das finde ich gut.« »Das machst du gut.«

Oft verwenden wir auch eine Bildsprache, über die wir gar nicht mehr nachdenken. »Mir steht das Wasser bis zum Hals.« »Ich will doch auch nur am Leben bleiben.« »Ich versuche über die Runden zu kommen.« »Ich stehe mit dem Rücken zur Wand.« Worte wie *versuchen* oder *probieren* streichen wir besser aus unserem Wortschatz. »Ich probier mal, ob es klappt.« – »Es wird mir gelingen. Das klappt schon.« Was, glaubst du, wie dein Leben aussieht, wenn du immer nur versuchst, ob du *möglicherweise* am Leben bleiben *könntest*?

Meist bemerken wir solche Redewendungen überhaupt nicht mehr. Wenn ich mit Dorit drehe, fällt uns oft, auch nach all den Jahren, irgendeine Formulierung auf, die nicht so glücklich ist. Wir weisen uns dann darauf hin und lachen meist, weil uns bewusst wird, was wir mit diesen Formulierungen hätten erschaffen können. Zum Beispiel drehte Dorit eine ganze Zeitlang wie folgt: »Ein neuer Mann knallt jetzt in

[188] vgl. Deletz, Bodo, 2016

mein Leben.« Kannst du erahnen, was geschah? Richtig. Ein Mann, den sie nicht kannte, also neu war, nahm ihr im Straßenverkehr die Vorfahrt und knallte mit seinem Wagen in ihr Auto. Ein Lebenspartner wurde es nicht, aber ein neuer Mann knallte in ihr Leben.

Im letzten Jahrhundert haben unsere Vorfahren zwei Weltkriege erlebt. Auch heute ist unsere Sprache noch voll von Sprachmustern aus einer Militär- und Kriegszeit. Damit schaffen wir im Unterbewusstsein Unruhe und halten an den Erlebnissen unserer Väter und Großmütter fest.

»Ich habe einen *Mords*hunger, ich bestelle einen *Granatsplitter*. Das ist zwar eine Kalorien*bombe*, aber das nehme ich jetzt in *Angriff*.« »Das *kriegen* wir schon irgendwie hin.« »*Krieg* ich noch etwas von dem Pudding?« »Das Einmaleins muss wie aus der *Pistole geschossen* kommen.« »Hier ist mordsmäßig was los.« »Das Geschäft ist *bomben*sicher.« »Die Frau ist eine *Granate*.« »Ich bin *gerüstet* für die Reise.«

Das können wir doch auch ohne Kriegssprache ausdrücken, und ich gebe zu, manche dieser Bilder sind auch in meinem Sprachgebrauch vorhanden. »Ich habe großen Hunger, in dem Eis sind zwar viele Kalorien, aber ich werde ja sowieso immer schlanker und fitter.« »Wir haben das erfolgreich und leicht geschafft.« »Gibst du mir noch etwas von dem Pudding?« »Lernt bitte das Einmaleins auswendig.« »Hier ist richtig gute Stimmung. Viele Leute sind hier und haben Spaß.« »Das Geschäft hat große Aussicht auf Erfolg.« »Diese Frau gefällt mir ausgesprochen gut.« »Ich habe alles gepackt für die Reise.«

Wir haben auch viele Redewendungen, die unseren Trotz zum Ausdruck bringen. »Nichtsdestotrotz.« »Jetzt erst recht«, war der Slogan des ehemaligen Bundeswirtschaftsministers

Philipp Rösler auf dem FDP-Parteitag 2011. Dieser Spruch wird aus einem Trotz heraus gesprochen und bringt nicht viel Erfolg. (Man bedenke, wie viel Erfolg die FDP damit hatte). Besser wäre: »Ich sehe den Tatsachen ins Auge und habe tolle neue Ideen für die Zukunft.«

Wenn wir behaupten: »Das habe ich hinter mir«, sagen wir, dass wir etwas nicht mehr ansehen wollen, etwas hinter uns verbergen. Wenn wir etwas hinter uns haben, kann das Rückenschmerzen verursachen. »Das ist gelöst und transformiert. Ich bin frei für eine wundervolle Zukunft.«

All diese *trotzdems, neins* und *ja-abers* können wir aufgeben. Die Trotzphase können wir beenden. »Ich stimme dir zu. Ich habe auch eine Idee und bin gespannt, was du dazu sagst.«

Wenn wir *vergeben* oder *verzeihen*, bekräftigen wir damit die Schuld des anderen und halten insgeheim noch an einem Vorwurf fest.[189] Solange wir an einem stillen Vorwurf festhalten, haben wir nicht losgelassen und sind nicht frei im Umgang mit dieser Person und in unserem Inneren. Vergeben und Verzeihen bezieht sich immer auf ein Nicht-haben-Wollen. »Der erste Schritt zur Vergebung (und das hören Sie jetzt wohl weniger gern) liegt darin, den Widerstand aufzugeben, der überhaupt erst zur Beschuldigung geführt hat, das heißt einfach sagen zu können: ›Was soll's!? Ist doch total egal! Vielleicht hat sich dieser Idiot ja völlig daneben benommen, geschmacklos ohnegleichen. Na und!?‹«[190]

Bodo Deletz empfiehlt für solche Situationen, den Menschen, der sich blöd benahm, in eine andere Kategorie[191] zu

---

189 vgl. Grabhorn, Lynn, 2004

190 vgl. ebd.

191 vgl. Deletz, Bodo, 2004-2006

stecken. Etwa die Kategorie *Ein Mann, der seine Gefühle nicht zeigen kann*: »Für einen Mann, der seine Gefühle nicht zeigen kann, ist er ein richtig guter Ehemann.« Oder die Kategorie *Eine Freundin, die nie anruft*: »Für eine Freundin, die nie anruft, ist sie eine ausgesprochen gute Freundin.« Oder die Kategorie *Ein Typ, der mich angelogen hat*. »Für einen Typen, der mich angelogen hat, war es sehr schön mit ihm.«

Wenn wir uns entschuldigen, laden wir Schuld auf uns. Eine mir bekannte Familienaufstellerin verwendet nur noch den Ausdruck: »Ich bitte um Nachsicht.« Manchmal sagt sie auch *sorry*, sie meint, das Wort *sorry* wäre bei ihr nicht mit schlechten Gefühlen aufgeladen.

Wenn wir von fremden Menschen eine Auskunft haben wollen, beginnen wir oft mit: »Verzeihung, können Sie mir sagen …« oder »Entschuldigen Sie bitte …« Niemand muss hier etwas verzeihen oder entschuldigen. Wir haben keine Schuld. Wer sich immer *schuldig* fühlt, erschafft *Schulden*. »Guten Morgen, können Sie mir bitte sagen, wo ich das Toilettenpapier finde?« »Verraten Sie mir bitte, wie spät es ist?«

Wenn du eine Frau bist, kennst du das sicherlich: Du sitzt mit einer Freundin beisammen, und ihr lästert über jemanden. Ich weiß nicht, ob Männer das auch tun, jedenfalls ist mir keine Frau bekannt, die Freunde hat, sprechen kann und am sozialen Leben teilnimmt, die nicht ab und zu einmal lästert. Das tut auch manchmal gut. Dennoch: Nicht umsonst sagt der Volksmund *Lästern ist aller Laster Anfang*. Wir erschaffen eine Last, eine Belästigung. Und da wir ja alle miteinander verbunden sind, auch wenn man das bei bestimmten Leuten gar nicht möchte, und weil jeder von uns über eine mehr oder weniger gut ausgeprägte Intuition verfügt, wissen wir, dass unser Lästern den anderen belastet, auch wenn dieser unsere Worte nicht hören kann.

Lästern erleichtert uns in dem Moment, in dem wir es tun, dennoch brauchen wir immer ein Opfer, jemanden, über den wir lästern können. Wenn wir über jemanden lästern, erheben wir uns über diesen Menschen und strafen ihn mit Geringschätzung. Lästern führt jedoch immer zu Last. Wenn wir über jemanden lästern, erschweren wir unser eigenes Leben. Und wenn unser Leben schwer ist, versuchen wir uns wieder zu erleichtern, indem wir über andere lästern.

Meine Freundin Elke und ich haben schon oft darüber geredet. Einerseits wollen wir manchmal lästern, fühlen, dass es uns gut tut und erleichtert, und andererseits ist uns vollkommen bewusst, dass wir damit auch eine Realität erschaffen, die wir nicht wollen. Zum einen erschweren wir es der Person, über die wie lästern, ihr Verhalten zu ändern, weil wir diese negativen Energien ja noch weiterhin manifestieren, und zum anderen drehen wir ja nie nur für eine Seite. Wenn ich etwas Schlechtes für jemand anderen drehe, erhalte ich selbst etwas, was dieser Schwingung entspricht.

Ich habe mich mit Elke darauf einigt, dass wir analysieren können, warum ein Mensch so etwas macht und was das mit uns zu tun hat. Warum regen wir uns darüber so auf? Welche Anteile davon haben wir selbst? Ist dieser Mensch vielleicht auch wieder nur ein Arsch-Engel,[192] der mir hilft, meine eigenen Muster zu erkennen und für den ich dankbar sein kann?

Es gelingt uns nicht immer, das Lästern gänzlich zu lassen, aber immer öfter.

---

[192] vgl. Betz, Robert, 2010

Als Dorit und ich mit den Drehbüchern anfingen, besuchten wir uns auch manchmal. Es war vielleicht unser drittes Treffen, seit wir mit dem Drehen begonnen hatten. Dorit besuchte mich in Dortmund, als der BVB gerade zum zweiten Mal in Folge Deutscher Meister geworden war. Das war demnach 2012. Wir sind keine Fußballfans, aber durch das Drehen waren wir in so guter Stimmung, dass wir in die Stadt fuhren und uns den Siegeszug mit Jürgen Klopp anschauten. Die Stimmung in der Stadt war heller als die Sonne, zwar waren fast alle betrunken, aber glücklich.

Wir standen am Straßenrand, als hinter uns ein Handy klingelte. Jemand ging ran und meldete sich mit *Maschinenraum.* Dorit und ich schauten uns an und bekamen einen Lachanfall. Wir konnten gar nicht mehr aufhören zu lachen.

Wenn ich mit Dorit telefoniere, haben wir zu Beginn des Telefonats meist das Bedürfnis, einander zu erzählen, was in unserem Leben gerade alles nicht so gut läuft. Wir befanden uns wirklich lange in dem Dilemma, dass wir zwar erzählen wollten, was in unserem Leben gerade los war – aber sehr wohl wussten, dass wir durch das Erzählen der unliebsamen Ereignisse noch mehr davon anziehen würden.

Zunächst erzählten wir uns die Ereignisse in verkürzter Form und widmeten mehr Zeit den Drehbüchern. Das brachte schon einige Erfolge. Dennoch waren wir nicht zufrieden.

Dann hatten wir eine Idee. Statt uns die gesamte negative Geschichte zu erzählen, sagten wir nur noch: »Maschinenraum«. Das Wort war extrem positiv aufgeladen, und die andere wusste dadurch sofort, was gemeint war.

Die guten Ereignisse erzählten wir uns ausgiebig und ausführlich. Die unangenehmen Ereignisse ungefähr so: »Kontostand und Partner Maschinenraum.« »Verstehe. Okay. Bei mir Familie und Job Maschinenraum.« Mehr war es nicht. In dieser Zeit konnten wir uns gar nicht alle Erfüllungen am Telefon erzählen, es waren ganz einfach zu viele. Immer hatten wir noch etwas von den schönen Ereignissen vergessen, wenn wir wieder auflegten.

Es gab Wochen, in denen wir die tatsächlichen Ereignisse nicht mehr von den Drehbüchern unterscheiden konnten. Wenn Dorit mir etwas erzählte, konnte ich nicht sagen, ob es Realität oder Drehbuch war. Das war im Grunde auch unerheblich. Denn nahezu alles, was wir drehten, war kurze Zeit später real. Wir schwebten und drehten und waren glücklich.

Wenn wir sagen, dass etwas *zu viel* oder *zu wenig* ist, aktivieren wir unser Emotional-Gehirn. Diese Ausdrücke – *zu viel* oder *zu wenig* – können zu unangenehmen Missverständnissen führen. »Stell dir vor, du hast das Gefühl, dein Partner liebt dich mehr, als du ihn liebst. Infolgedessen kommst du auf die Idee, dass du zu wenig Liebe empfindest. Wenn das passiert, dann ist die Liebe von diesem Augenblick an sofort weg. Und noch schlimmer: Dein Instinkt, dein Emotional-Gehirn und dein Stammhirn empfehlen dir, dich nach jemand anderem umzuschauen, das heißt, du empfindest plötzlich nichts mehr für deinen Partner, zweifelst total an eurer Beziehung und hast auch gleichzeitig den Impuls, dich nach jemand anderem umzuschauen.«[193]

Wir können damit die unsinnigsten Dinge beurteilen. Wir könnten sagen: »Ich bin nicht gesund genug.« In diesem Augenblick sagt unser Körper automatisch: »Also, wenn es nicht ge-

---

[193] vgl. Deletz, Bodo, 2015-2018

nug Gesundheit gibt, wenn ich nicht gesund genug bin, dann lohnt sich auch die Regeneration nicht mehr«. Dieses Muster startet sofort. Wenn wir sagen, dass etwas zu wenig ist, wird das, was wir beurteilen, sofort unwichtig, und wir bekommen das Gefühl, nach etwas anderem suchen zu sollen.[194]

Das Gleiche geschieht, wenn wir etwas als *zu viel* beurteilen. Sobald etwas zu viel ist, sagt unser Emotional-Gehirn, dass es sich ja eh nicht mehr lohnt.

An unseren *zu viel-* und *zu wenig*-Beurteilungen ist schon so manche Beziehung zerbrochen, so manche Arbeitsstelle verloren worden und so manche Krankheit entstanden.[195]

Wenn du dich durch die Drehbücher veränderst, und das wirst du wahrscheinlich, kann es sein, dass dein Umfeld damit ein bisschen überfordert ist. Du warst doch sonst nicht so euphorisch, was ist nun auf einmal mit dir los? Wenn es dir dann etwas ausmacht, dass die Menschen, mit denen du zu tun hast, dich etwas komisch von der Seite anschauen, dann kann es schnell passieren, dass du dich unbewusst entscheidest, in deine alten Energien zurückzukehren, obwohl du von deinen neuen Energien vielleicht total begeistert bist.

Gib also den Menschen um dich herum die Chance, dein neues Ich Schritt für Schritt kennenzulernen und sich neu an dich zu gewöhnen. Vielleicht inspirierst du dabei ja sogar den einen oder anderen? »Was hat sie bloß gemacht, dass sie nun immer so glücklich aussieht?«

---

194 vgl. ebd.

195 vgl. ebd.

Kapitel 18

Dein neues, wundervolles Leben wartet auf dich

Inspirieren ja, missionieren nein. Den Fehler des Missionierens machte ich viele Jahre bei allem, was ich neu und toll fand. Ich hatte den Menschen erzählt, wie toll es mir mit der Rohkost geht und dass sie es unbedingt auch probieren sollten. Jedes Mal, wenn ich ein Buch las, das mich begeisterte, verschenkte ich dies an meine Freunde, in der Hoffnung, sie mögen es auch lesen und genauso begeistert sein wie ich. Immer, wenn ich von einem Seminar zurückkam und eine neue tolle Methode für irgendetwas kennengelernt hatte, wollte ich diese auch meinen Freunden beibringen. Kurz: Ich ging wohl allen gehörig auf die Nerven.

Wem gefällt es schon, ständig irgendwelche Lebensweisheiten unter die Nase gerieben zu bekommen? Dabei können wir doch gar nicht wissen, was für einen anderen das Beste ist. Womöglich ist es gut für ihre oder seine Entwicklung, dass sie oder er noch eine ganze Weile so weiterlebt wie jetzt, oder sie oder er findet eine gänzlich andere, für sie oder ihn passendere Methode, das Glück zu finden.

Natürlich ist es möglich, dass die Drehbücher auch für deinen Freund eine Bereicherung sein könnten, aber wir wissen es nicht und deshalb missionieren wir nicht. Wenn uns jemand fragt, was wir machen, dass wir so glücklich sind, können wir es kurz erwähnen. Diejenigen, die es wirklich interessiert, werden weiter nachfragen oder sich Literatur dazu besorgen. Wir drängen niemandem etwas auf. Zwangsbeglückung erschafft Zwang, nicht Glück.

Du musst auch keine Angst haben, dass die negativen Energien anderer Menschen dein Glück beeinflussen können. Es gibt so viele Menschen, die Angst vor Energieräubern, Energievampiren oder Ähnlichem haben. Doch die negativen Energien um dich herum sind nur relevant, wenn du deine Aufmerksamkeit darauf lenkst. Wenn nicht, haben sie einen sehr schwachen Effekt.[196]

Der Wissenschaftler Gregg Braden hat 2007 bei seinen Vorträgen in Frankfurt, Mailand und anderenorts eine Video-Aufnahme[197] gezeigt, bei der drei dafür ausgebildete Praktizierende einen acht Zentimeter großen Krebstumor bei einer Patientin tönend verschwinden ließen. Sie berührten die Frau dabei nicht und behandelten sie auch nicht. Die Patientin war die ganze Zeit über bei Bewusstsein. Das Verschwinden des Tumors wurde in Echtzeit mit einer Ultraschalluntersuchung überwacht. Nach drei Minuten war der Tumor verschwunden.

---

196 vgl. ebd.

197 vgl. Braden, Gregg, 2010

Die drei Praktizierenden konzentrierten sich auf den gesunden Zustand der Patientin und erzeugten in sich selbst das Gefühl, dass der Tumor bereits geheilt sei. Die Patientin ließ sich unbewusst von der kollektiven Energie der drei Männer beeinflussen, wodurch sie ihre Wahrnehmung ebenfalls auf den gesunden Zustand fokussierte.[198]

Natürlich können wir mit unseren Drehbüchern und Energien nicht in das Skript eines anderen eingreifen, wenn er das nicht will. Das würde ja bedeuten, dass jemand drehen könnte, dass ich seine Ehefrau werde oder wo ich meine Ferien verbringe. Unser eigenes bewusstes oder unbewusstes Drehbuch steht über allen anderen Energien.

Doch können wir mit unseren Drehbüchern eine Art energetische Hilfestellung für jemanden erschaffen.

Stell dir dein Kind oder deinen Vater glücklich und gesund vor, spüre diese gesunden und glücklichen Energien, mache Drehbücher, die dich begeistern, und schildere deren Gesundheit begeistert in allen Einzelheiten.

Wenn derjenige nicht gesund werden will, wird es nichts nutzen. Es kann sogar passieren, dass er bockig dir gegenüber wird, auch wenn er von deinen Drehbüchern nichts weiß.

Möchte er jedoch selbst gerne gesund werden, dann bietest du ihm mit deinem Drehbuch eine Energie, auf die er aufspringen kann. Du unterstützt ihn damit energetisch.

Wenn wir für jemanden beten, ist es weit verbreitet, Gott unser Leid zu schildern und dann um Erlösung zu bitten. In der Bibel heißen diese Gebete Klagepsalmen. Es gibt jedoch noch eine andere Art von Gebet, in der Bibel werden

---

[198] vgl. Deletz, Bodo, 2015-2018

sie Lob- oder Dankpsalmen genannt. Hier loben wir das, was jetzt schon gut ist, und bedanken uns für das, was erst noch geschehen wird. Und zwar in der Gegenwartsform. Das ist wichtig! »Danke, dass Johann wieder vollständig gesund ist. Ich habe ihn gestern gesehen, er kann wieder flott über den Bürgersteig laufen, und er sieht wieder fit und vital aus. Vielen Dank. Danke. Danke. Danke.«

Wie alle Methoden der aktiven Realitätsgestaltung ist es auch bei den Drehbüchern erforderlich, dauerhaft dranzubleiben. Ich kann von mir behaupten, dass es mir bis jetzt noch bei keiner Methode geglückt ist, für immer dranzubleiben. Und so wirkt jede Methode eben nur so lange, wie ich aktiv etwas tue.

Ich finde das aber nicht so schlimm. Wenn mein Leben wieder schlechter wird, fang ich halt wieder an zu drehen. Das einzig Blöde daran ist, dass es meist eine gewisse Zeit dauert, bis wieder alles so richtig schön in Schwung kommt, und dass es mir nach einer längeren Pause wesentlich schwerer fällt, wieder mit dem Drehen anzufangen. Natürlich ist es auch nicht schön zuzuschauen, wie all die Erfolge, die uns so begeisterten, immer weniger werden.

Aber es ist halt so. Sportler haben auch Phasen, in denen sie nicht trainieren, Ernährungsprofis haben Cheat-Phasen, und disziplinierte Studenten haben Netflix-Tage.

Wir sind Menschen und haben statt des inneren Treibers eben unseren inneren Schweinehund. Den können wir zwar überlisten, aber wenn wir von uns erwarten, immer alles richtig zu machen, haben wir damit mehr Stress, als wenn wir auch mal fünf gerade sein lassen. Immer zu funktionieren, funktioniert eben überhaupt nicht.

Wir drehen also, wenn wir wieder Lust dazu haben oder wenn der Leidensdruck zu groß geworden ist. Wir machen uns aber keinen Stress damit. Wir drehen, wir sind erfolgreich und außerdem noch entspannt dabei.

Dein neues wundervolles Leben wartet auf dich.

Du musst es nur drehen.

Ach ja, eines noch: Wenn du schöne, lustige oder auch unbeabsichtigte Erfahrungen mit Drehbüchern machst, freue ich mich, wenn du mir davon schreibst.

Meine eMail-Adresse ist mali.mali@gmx.net.

Deine Marlies

Listen, die dir helfen, dein Leben zu drehen

Das will ich *alles nicht mehr:*

Das will ich stattdessen:

Mentale Identitätsebene – was ich *nicht mehr* will:[199]

Beispiele: negative Glaubenssätze • negative Beurteilungen • zu hohe Anforderungen an mich oder andere • schlechte Leistungsfähigkeit • schlechte Motive • schlechte Einstellungen • schlechte Gedanken

[199] vgl. Deletz, Bodo, 2015-2018

Mentale Identitätsebene – was will ich *stattdessen*?[200]

Beispiele: positive Glaubenssätze • positive Beurteilungen • angemessene Anforderungen an mich oder andere • gute Leistungsfähigkeit • gute Motive • gute Einstellungen • gute Gedanken

____

____

____

____

____

____

____

____

____

____

____

____

____

____

[200] vgl. Deletz, Bodo, 2015-2018

Emotionale Identitätsebene – was ich *nicht mehr* will:[201]

Beispiele: schlechte Gefühle • Enttäuschung • Frust • Unzufriedenheit • Langeweile • Ärger • mich verletzt fühlen

[201] vgl. Deletz, Bodo, 2015-2018

Emotionale Identitätsebene – was will ich *stattdessen*?[202]

Beispiele: gute Gefühle • Glücksgefühle • Lebensfreude • Selbstwertgefühl • inneren Frieden

---

[202] vgl. Deletz, Bodo, 2015-2018

Persönliche Identitätsebene – was ich *nicht mehr* will:[203]

Beispiele: Versager • Opfer • Verlierer • Pechvogel • Arschloch • Graue Maus sein

[203] vgl. Deletz, Bodo, 2015-2018

Persönliche Identitätsebene – was will ich *stattdessen*?[204]

Beispiele: Glückspilz • Gewinner • Sieger • Macher • guter Mensch sein

[204] vgl. Deletz, Bodo, 2015-2018

Körperliche Identitätsebene – was ich *nicht mehr* will:[205]

Beispiele: krank • alt • faltig • schwach • hässlich • unsportlich • dick • dumm sein

[205] vgl. Deletz, Bodo, 2015-2018

Körperliche Identitätsebene – was will ich *stattdessen*?[206]

Beispiele: gesund • fit • vital • attraktiv • sexy • intelligent • stark • sportlich sein

[206] vgl. Deletz, Bodo, 2015-2018

Weltliche Identitätsebene – was ich *nicht mehr* will:[207]

Beispiele: Einsamkeit • arbeitslos • mittellos • keine Aufgabe haben • schlechten Ruf haben • niedriger Status • schlechtes Image • keine Kinder haben • keinen Partner haben

[207] vgl. Deletz, Bodo, 2015-2018

Weltliche Identitätsebene – was will ich *stattdessen*?[208]

Beispiele: wohlhabend sein • berühmt sein • Anerkennung bekommen • Wertschätzung bekommen • gutes Image • guter Ruf • Kinder haben • einen Partner haben

[208] vgl. Deletz, Bodo, 2015-2018

Über diese Menschen *ärgere* ich mich:

An diesem Menschen, über den ich mich ärgere,
kann ich folgendes *Gute* entdecken:

Person 1

An diesem Menschen, über den ich mich ärgere,
kann ich folgendes *Gute* entdecken:

Person 2

An diesem Menschen, über den ich mich ärgere,
kann ich folgendes *Gute* entdecken:

Person 3

An diesem Menschen, über den ich mich ärgere,
kann ich folgendes *Gute* entdecken:

Person 4

An diesem Menschen, über den ich mich ärgere,
kann ich folgendes *Gute* entdecken:

Person 5

An diesem Menschen, über den ich mich ärgere,
kann ich folgendes *Gute* entdecken:

Person 6

An diesem Menschen, über den ich mich ärgere,
kann ich folgendes *Gute* entdecken:

Person 7

An diesem Menschen, über den ich mich ärgere,
kann ich folgendes *Gute* entdecken:

Person 8

Diese *negativen Glaubenssätze* habe ich zum Thema *Geld*:

Beispiele: Von nichts kommt nichts. • Geld wächst nicht auf Bäumen. • Für Geld muss man hart arbeiten. • Kaum gewonnen, schon zerronnen. • Der Teufel scheißt immer auf den größten Haufen. • Die Neureichen sind die Schlimmsten.

Meine *neuen* Glaubenssätze zum Thema *Geld*:

Beispiele: Geld kommt leicht zu mir. • Das Geld liegt auf der Straße. • Meine Kaufkraft wird immer größer. • Ich liebe Geld. • Ich bin ein Geldmagnet.

Diese *negativen Glaubenssätze* habe ich über das Leben:

Beispiele: Das Leben ist kein Ponyhof. • Man hat's nicht leicht, aber leicht hat's einen. • Schlimmer geht immer. • Das Leben ist eins der Härtesten. • Irgendwas ist immer. • Ich hasse mein Leben. • Das Leben ist ungerecht.

Meine neuen *Glaubenssätze* über das Leben:

Beispiele: Mein Leben wird immer leichter. • Ich liebe mein Leben. • Das Leben liebt mich. • Das Leben wird immer schöner.

Diese *Kopplungen* habe ich an die Liebe:

Beispiele: Mangel • Unterdrückung • Angst • Verlust • Gewalt

Meine neuen Drehbuch-Sätze zum Thema *Liebe*:

Beispiele: Ich werde geliebt, egal, ob ich schwach oder stark bin. • Meine Muster und Kopplungen in Bezug auf die Liebe sind transformiert. • Ich habe einen Partner, der perfekt zu mir passt und der mein Glück größtmöglich bereichert. • Mein Partner liebt mich. • Ich liebe meinen Partner. • Ich bin glücklich, dass mein neuer Partner so erfrischend anders ist, als ich es gewohnt bin. • Mein Partner tut mir gut. • Ich tue meinem Partner gut. • Ich habe Glück in der Liebe.

An diese *schönen* Dinge kann ich denken,
wenn es mir nicht gut geht:

Beispiele: Katzenbabies • die lustige Poolparty vor fünf Jahren • der Lachanfall mit der Freundin damals • die schönen Haare • der Jugendfreund • das tolle Weihnachtsgeschenk damals • der Lieblingssong …

Diese Menschen möchte ich einmal *persönlich* treffen:

Diese *Orte* möchte ich gerne mal besuchen:

Diese *Dinge* möchte ich einmal *ausprobieren*
und über mich hinauswachsen:

Diese *Abenteuer* möchte ich mal erleben:

Diesen *Freizeitaktivitäten* möchte ich *mehr* Zeit widmen:

Das möchte ich *noch* machen, bevor ich sterbe:

In diesen Bereichen möchte ich mich *weiterentwickeln*:

So möchte ich mich *in meiner Partnerschaft* fühlen:

Darüber möchte ich noch mehr wissen:

Diese *Ideen* inspirieren mich:

Diese *Gegenstände* möchte ich gerne besitzen:

Diese *Wünsche* meiner Kindheit hatten sich *nicht erfüllt*:

Diese *Kinderwünsche habe ich noch immer*
und werde ich in meine Drehbücher aufnehmen:

Diese *Prioritäen* habe ich im Leben:

Beispiele: Liebe • Lebensfreude • Hobby • Sport • Freunde • Familie

Diese Zeit kann ich *täglich* für meine Prioritäten einplanen:

Meine *größten Träume* sind:

An diese großen Ziele drehe ich mich in kleinen Schritten heran, und dies sind meine ersten Etappen:

Diesen Menschen könnte ich
von den Drehbüchern *erzählen*:

Diese Menschen *könnte* ich fragen,
ob sie mit mir Drehbücher machen:

Diese Menschen *werde* ich fragen,
ob sie mit mir Drehbücher machen:

Zu diesen *Zeiten* kann ich Drehbücher machen:

Beispiele: beim Autofahren • am Telefon mit X • beim Spazierengehen mit Y • morgens oder abends im Bett • jeden Tag um 16 Uhr

Darum lohnt es sich, wenn ich *Drehbücher* mache:

Dies sind *meine ersten Drehbuch-Erfüllungen*:

Über diese *Drehbuch-Erfüllungen* habe ich mich am meisten gefreut:

Das waren meine *lustigsten* Drehbuch-Erfolge:

Das waren meine *überraschendsten* Drehbuch-Erfüllungen:

So haben die Drehbücher *mich* und *mein Leben* verändert:

Verwendete Literatur

Bust, Leila Astrid: Weiblichkeit leben. Die Hinwendung zum Femininen. Hamburg 2012

Byrne, Lorna & Lemke, Bettina: Liebe – Das Geschenk des Himmels. Die Kraft, die alles ändert. München 2016

Byrne, Rhonda: The Secret – Das Geheimnis. München 2007

Deletz, Bodo; Kensington, Ella: 50 Halbwahrheiten, die dir das Leben schwer machen können. Orientierung im Dschungel von Esoterik und Lebenshilfe. Ochsenhausen 2016

Duprée, Ulrich Emil: Ho'oponopono. Das hawaiianische Vergebungsritual. Darmstadt 2013

Franckh, Pierre: Einfach glücklich sein! 7 Schlüssel zur Leichtigkeit des Seins. München 2015

Fromer, Jakob: Der Talmud. Köln 2013

Giesen, Ralf: Beziehungsprobleme gibt es nicht. Mit *The Work* zur glücklichen Partnerschaft. München 2015

Grabhorn, Lynn: Aufwachen, dein Leben wartet. 21. Auflage, München 2004

Grout, Pam: E^2. Wie Ihre Gedanken die Welt verändern. 6. Auflage, Berlin 2015

Hill, Napoleon: Denke nach und werde reich. Die Erfolgsrezepte. Königswinter 2004

Katie, Byron: Lieben was ist. Wie vier Fragen Ihr Leben verändern können. München 2002

Katie, Byron: »Nachwort« in Giesen, Ralf: Beziehungsprobleme gibt es nicht. Mit *The Work* zur glücklichen Partnerschaft. München 2015

Liedloff, Jean & Schlottmann, Eva: Auf der Suche nach dem verlorenen Glück. Gegen die Zerstörung unserer Glücksfähigkeit in der frühen Kindheit. Münster 2017

Mohr, Bärbel: Bestellungen beim Universum. Ein Handbuch zur Wunscherfüllung. Aachen 1999

Mohr, Bärbel & Mohr, Manfred: Ho'oponopono – Eine Herzenstechnik für Heilung und Vergebung. Dorfen 2014

Pante, Marlies: NO Limits! Willkommen in der Schöpferkraft, Hanau 2016

Tolle, Eckhart: Jetzt! Die Kraft der Gegenwart, Bielefeld 2010

Vitale, Joe & Len, Ihaleakala: Zero Limits. Mit der hawaiianischen Ho'oponopono-Methode zu Gesundheit, Wohlstand, Frieden und mehr. Weinheim 2016

Von Scheurl-Defersdorf, Mechtild & Prof. Dr. von Stockert, Theodor: Ein lautes Ja zum Leben sagen! Zufrieden werden mit bewusster Sprache. Freiburg 2020

Walsch, Neal Donald: Gespräche mit Gott. Vollständige Ausgabe. München 2009

Wilhelm, Richard: I Ging. Das Buch der Wandlungen. Diverse Ausgaben

Akademie-Hinweise

Deletz, Bodo: Bodo Deletz Akademie. Seminarabruf 2015-2018

Deletz, Bodo: Das Glückstrainer-Camp, Spanien, teilgenommen an sechs Camps à 14 Tagen zwischen 2004 und 2006

Internetquellen

Braden, Gregg: Gregg Braden – Quantum Healing of Tumour thru the Power of Thought & Feeling; https://youtu.be/PZpRP1FV0lE, abgerufen am 21.12.2021

Etymologisches Wörterbuch: https://www.dwds.de/r?h=1&q=verm%C3%B6g, abgerufen am 21.12.2021

EurekAlert: Kann Gruppenmeditation Gewaltverbrechen verhindern? Ja! Das legen neue Studien nahe; https://www.eurekalert.org/news-releases/671086?language=german, abgerufen am 21.12.2021

Hemschemeier, Dipl.-Psych. Christian: https://www.youtube.com/channel/UChAtAt6VNWkw5fDpqwGJOzQ, abgerufen am 21.12.2021

Jahn, Christine: Ein Wort macht den Unterschied. In: *AIP Akademie*. Münster 2/2017

Orkos, Fruchtversand; www.orkos.com

Schimming, Stefan: Wie lange es wirklich dauert, um eine Gewohnheit zu ändern; http://routiniert.com/gewohnheit-aendern/, abgerufen am 21.12.2021

so.create.it: https://www.socreate.it/de/blogbeitr%C3%A4ge/drehbuchschreiben/20-inspirierende-zitate-uber-das-drehbuchschreiben, abgerufen am 21.12.2021

Urlaub, Farin: Viva-Interview für die Sendung »feat.«; https://www.quotez.net/german/farin_urlaub.htm, abgerufen am 21.12.2021

Wertschätzungsexperiment in der Matrix: https://www.facebook.com/groups/541509252650715/?post_id=621192771349029

Wikipedia, Jean Liedloff: https://de.wikipedia.org/wiki/Jean_Liedloff, abgerufen am 21.12.2021

Wikipedia, Synchronizität: https://de.wikipedia.org/wiki/Synchronizit%C3%A4t, abgerufen am 21.12.2021

Audio-Quellen

Betz, Robert: Frieden mit meinen »Arsch-Engeln«. Audio-CD. München 2010

Tepperwein, Kurt: Das Gesetz der Fülle. Audio-CD. München 2003

Marlies Pante

Geboren 1968, wuchs sie mit zwei jüngeren Geschwistern in einer ostwestfälischen Kleinstadt auf. Nach dem Abitur erlernte sie einen kaufmännischen Beruf und studierte im Anschluss daran Mathematik, Germanistik und Theologie in Paderborn. Schon während des Studiums spürte sie, dass sie zunächst einen anderen Weg einschlagen würde, und verzichtete vorerst auf eine Anstellung im Lehramt. Parallel dazu führte ihre innere Stimme sie in die Spiritualität und zu einer Verbindung mit geistigen Wesen.

Mit alternativen Heilmethoden beschäftigt sie sich bereits seit 1984. Sehr bald wurde ihr klar, dass sie das dadurch erlangte Wissen nicht für sich behalten durfte, sondern mit anderen Menschen teilen musste.

Bei AMRA liegen bereits sehr erfolgreich ihr Buch *Der Himmel auf Erden* mit Botschaften der Hathoren vor, einem wohlmeinenden Kollektiv geistiger Wesenheiten, sowie *Reine Liebe erwartet Dich!*, *No Limits! Willkommen in der Schöpferkraft* und *Das Große Erwachen*, drei gechannelte Bücher, in denen sie Botschaften der Arcturianer weitergibt, Mitgliedern unserer kosmischen Menschheitsfamilie.